SCHAFHAU
KONSTANZ
THURGAU
CANTON
ZURICH
CANT APPENZELL
GALLEN
ZUG
SCHWYZ
GLARUS
CHUR
Albula
Septimer
BELLINZONA

Gipfelgeschichten

Wie die Schweizer Berge zu ihren Namen kamen

Nathalie Henseler

Gipfelgeschichten

Wie die Schweizer Berge zu ihren Namen kamen

FARO

Dank

Mein besonderer Dank gilt: Viktor Weibel für die Benutzung seiner Bibliothek, die wertvollen Anmerkungen und das manchmal doch sehr kurzfristige Anzapfen seines Wissens, Iwar Werlen für die Walliser Hinweise, Gaby Annen und Désirée Schibig für das erste Lektorat, Rolf Max Kully und Wulf Müller für die Westschweizer Artikel, Martin H. Graf für seine Beratungen, Markus Gasser und Stefan Würth für ihre Artikel, Stefano Vassere per gli articoli della Svizzera Italiana, dem Fotografen Remo Inderbitzin, meinem Mann Roli fürs Rücken freihalten und die Lateinübersetzungen sowie meiner Tochter Amélie für ihre Geduld, das Interesse und die vielen Bergzeichnungen.

Zur Schreibweise

Es sind Bestrebungen im Gang, die Schreibweise der Flurnamen auf der Schweizerischen Landeskarte den Mundarten anzupassen und damit die hyperkorrigierten Schreibweisen zu ersetzen. Dieses Buch versucht diese Bemühungen zu berücksichtigen, weshalb einige Berg- und Flurnamen der Mundart angepasst erscheinen.

www.fona.ch

Lektorat Walter Bauhofer

Konzept und Gestaltung FonaGrafik, Stefanie von Däniken

Bilder
Herbert Mäder Cover, 2, 12–21, 28, 64, 92, 96, 104, 110–113, 122, 126–129, 132–139, 158–163, 172–179
Bergfoto, D. u. S. Oberli 22, 34, 58, 68, 70, 74, 76, 102, 116–121, 130, 140, 144–146, 152, 156, 166, 170
Dietz & Dietz 24, 62, 66, 78, 80, 82, 86, 94, 124, 142, 150, 154
Roman Koch 48, 84, 90, 98, 106, 114, 164, 168
Felix Deprez 32, 42, 46, 52
Kurt Baumann 88, 100
Stefan Zürrer 72
Vincent Bourrut 38
Hannes Schwarz 36, 40
Fabian Spigariol 50
pe_ma 60
Sabine Schäfer 148
Edgar F. 56
Erhard Gick 26
Cath Sinclair 54
Stephan A. 108
Sollten versehentlich Bilder ohne Nennung des Fotografen verwendet worden sein, wird freundlich um Kontaktaufnahme gebeten.

Druck Druckerei Uhl, Radolfzell

ISBN 978-3-03781-009-5

Inhalt

Meinen Grosseltern Oliva und Paul.
Sie lehrten mich die Liebe zu den Bergen,
ihren Menschen und Geschichten.

Vorwort

Dammastock! Wie kraftvoll und wuchtig, aber auch wie sanft und liebevoll das tönt. Ich höre meinen Grossvater, wie er auf dem Hohgantgipfel neben mir «Dammastock» sagt und dabei Richtung Urschweiz zeigt. Auch Nathalie Henseler hatte so einen bergkundigen, bergverliebten Grossvater. Das bleibt, das prägt. Sie will aber nicht bloss, wie ich und unsere Grossväter, wissen, wie all die vielen Gipfel heissen, sie will auch noch wissen, wie sie zu ihren, oft seltsamen, Namen kamen. Bei ihren Nachforschungen stösst sie auf verschiedenste Quellen und Erklärungsversuche. Nein, mit dem Damhirsch habe der Name vermutlich nichts zu tun, es sei wahrscheinlicher, dass der Flurname Damma für das Seitental am Fusse des Dammastockes dem Berg den Namen gab. Henseler behauptet nichts, sie wägt ab und vermutet und lässt uns an der Geschichte, wie die Berge zu ihren Namen kamen, teilnehmen.

Dufourspitze! Auch hier höre ich meinen Grossvater, den Wachtmeister Schär, mit welchem Stolz in Brust und Stimme er das Wort «Dufour» sagt. Eh ja, Dufour war ein General der Schweizer Armee. Und tatsächlich: Auf Dufour können wir stolz sein, denn der wollte, wenn schon Krieg geführt werden musste, Blutvergiessen möglichst vermeiden und hat, wie ich hier im Gipfelbuch lese, zusammen mit Dunant das Rote Kreuz gegründet. Das Gipfelgeschichtenbuch ist auch ein Geschichtsbuch.

Und dann gibt es Berge mit so eigenartigen Namen wie Agassizhorn. Hatte dort irgendein Aga seinen Sitz ? Nein, so einfach wie beim Tannhorn, das aussieht wie eine Tanne, oder wie beim Gspaltenhorn mit all seinen Spalten ist es nur selten. Hier erfahre ich, dass der Freiburger Louis Agassiz, der in den Schweizer Alpen herumforschte, gleich selber und unbescheiden dafür gesorgt hat, dass dieses hohe Horn seinen Namen bekam. Leider ist aus dem Alpenforscher Agassiz später ein schlimmer Rassentheoretiker geworden, der von unbezwingbaren, mutigen und stolzen Indianern, aber auch von unterwürfigen, kriecherischen, nachahmerischen Negern und listigen, verschlagenen und feigen Mongolen schrieb. Da verstehe ich all jene Leute, die dem Berg diesen Namen wieder wegnehmen wollen.

Nathalie Henseler geht aber nicht nur den Bergnamen nach, sie berichtet auch von fürchterlichen Dramen, die sich in unseren Alpen abgespielt haben. Zum Tödi gehört beispielsweise die Erinnerung an Meinrad Inglin, der als Bub erfährt, dass dort oben sein Vater abgestürzt ist. Oder die Altels. Sie kann ich nicht mehr anschauen, ohne daran erinnert zu werden, dass dort einmal im 18. und gleich ein zweites Mal im 19. Jahrhundert Menschen und Tiere unter den Eismassen begraben wurden, die vom Berg auf die Alp herunterstürzten.

Ab sofort und dank diesem spannenden Buch will ich nicht nur bei Bergen, sondern auch bei Strassen und überhaupt überall die Herkunft und Bedeutung der Namen herausfinden. Will endlich wissen, wie alt Bundesrat Gnägi in meinem Nachbardorf Bottenwil zu seinem Gnägiweg gekommen ist. Und warum der grosse Mani Matter in Bern nur so einen mickerigen, kurzen Matterstutz erhalten hat. Und ich finde es plötzlich schade, dass das Wahrzeichen der Schweiz, das stolze Matterhorn, dieser Tobleronezacken, nicht Toblerhorn heisst, nach unserem Berner Schokoladenerfinder. Oder dass es, wenn schon Matterhorn, dann doch wenigstens wegen Mani Matter so heisst. Nüt isch! Bei Nathalie Henseler muss ich erfahren, dass das Matterhorn seinen Namen ganz unspektakulär von der Matte unten im Tal hat.

Tinu Heiniger, Bärg u Talsänger

Einleitung

Namenforschung gleicht einer Zeitreise. So etwa erzählen die Flurnamen von früheren Besitzverhältnissen, von Alpwirtschaft, Siedlungsgeschichte, Sagen, Nutzung und Streitigkeiten. Sie öffnen uns Augen und Ohren für Formen wie den *Napf* und Geräusche wie das *Chlötterle*. Und sie halten uns die Namen von Menschen in Erinnerung, die zu ihrer Zeit Grosses geleistet haben. Sie bewahren uns vor der «Gewalt des Namenlosen», wie Meinrad Inglin in seiner Erzählung «Jugend eines Volkes» schreibt. Darin bettet er seine Interpretation der Namengebungen in die Gründungssage von Schwyz ein. Nach dieser Sage gelangen die beiden Alemannen Swit und Swen «vom Stamm des edelsten Suebenvolks, der Semnonen» nach langer Völkerwanderung mit ihrem Gefolge zu einer Lichtung in einem Talkessel, um sich dort niederzulassen. Sie treffen auf einen bereits sesshaften Jäger, der von da an Swit auf seinen täglichen Erkundungsgängen begleitet. «Auch nannte er in seiner Sprache manches mit Namen, und die künftigen Siedler, dem ordnenden inneren Triebe folgend und aus einer immerwährenden leisen Angst vor der Gewalt des Namenlosen, wiederholten sie eifrig. Den Fluss im Talboden nannte er *Muota*; auf die Felsberge zu Häupten des Tals weisend, sagte er: *'Mitun'*. Die Männer blickten zu den kahlen, menschlichen Sinn und Zweck starr überragenden Felsgebilden hinauf und wiederholten leise: *'Mitun'*.»

Erst spät, als letzte in der Familie der Flurnamen, haben die Berggipfel ihre Namen erhalten. Zu abgelegen waren sie, und freiwillig stiegen die Alpbewohner nicht in die Höhen hinauf. Das war ihrer Ansicht nach zu riskant. Zu sehr fürchtete man die unbekannten Mächte, die dort oben wüteten und mit Steinschlägen, Lawinen und Erdrutschen Verwüstung und Tod brachten. Mit denen wollte man nichts zu tun haben. Hinzu kommt, dass die schroffen Felsen und vergletscherten Gipfel wirtschaftlich uninteressant waren. Bis zum Moment, als das Essen knapp wurde. Das Hirtenvolk drängte in die Höhen hinauf und machte mit Grenzmauern und Pferchen aus Trockenmauern die magersten Alpwiesen nutzbar. Den geheimnisvollen Mächten trotzte es mit Bräuchen, die Mensch, Vieh und Alp vor Unglück bewahren sollten. Mit Bräuchen, die Heidnisches mit Christlichem verbanden und noch heute Anwendung finden. So wie der Bet-Ruf, der die nächtlichen Gewalten durch Anrufung der Heiligen bannt.

Allerlei Vieh wird seither auf der Alp gesömmert, manchmal auch Pferde und Esel. Zum Alltagswerk gehören etwa das Käsen und im Herbst, bevor die Sente wieder ins Tal fährt, die Ernte des Wildiheus. In den steilsten Planggen, wo kaum Schafe weiden können, wagen sich die Männer mit Steigeisen an den Schuhen ans Mähen mit der Sense. Das Heu wird in mannshohen Bündeln auf dem Rücken der Wildiheuer an den Trocknungsplatz gebracht, wo es gelagert und von wo es im Winter teilweise mit Schlitten ins Tal gebracht wird.

Wie die unzähligen verlassenen Siedlungsplätze, die sogenannten alpinen Wüstungen, im gesamten Alpenraum bezeugen, lebten bereits vor über tausend Jahren Menschen in diesen Höhen. Das zeigen die archäologischen Untersuchungen dieser Wüstungsplätze. Die Bewohner dieser Siedlungen sind es wohl auch gewesen, die den unbekannten Gebieten, Gipfeln und Bergen bei ihren Streifzügen auf der Suche nach Weideplätzen zum ersten Mal einen Namen gegeben haben. Schriftliches ist aus dieser Zeit kaum erhalten.

Als mit der Zeit mehr Menschen in die Alpen hinaufzogen, wurde der Platz knapp. Es mussten Alpgrenzen gezogen und Vereinbarungen getroffen werden. Für diese Grenzbeschreibungen und Marchurkunden brauchte es neben Lachbäumen – gepflanzten oder durch ein Kreuz dazu bestimmten Grenzbäumen –, markanten Felsen, Geländestrukturen oder Steinen auch Flur- und Bergnamen. Dabei wurden die Alpgrenzen abgeschritten, Befragungen durchgeführt, die Grenzen minutiös beschrieben und alles protokolliert. Diese Grenzbeschreitungsprotokolle, Marchurkunden und Gülten, die über Besitzverhältnisse Auskunft geben, bilden den grössten Teil der schriftlichen Quellen, die für die Bergnamenforschung relevant sind. Die ersten Dokumente stammen, mit seltenen Ausnahmen, aus dem Mittelalter.

Ein – besonders für die Bergnamenforschung – weiterer Fundus an schriftlichen Belegen sind alte Karten und Geländeskizzen, die ab dem 16. Jahrhundert erhalten sind, wobei die ältesten Exemplare viele Ungenauigkeiten aufweisen. Sie geben aber oftmals einen Hinweis darauf, welche Berggipfel schon früh einen Namen trugen, etwa weil sie eine wichtige kulturelle, historische oder geografische Bedeutung hatten. Insgesamt ist die Zahl schriftlicher Quellen für die Bergnamenforschung aber bescheiden, was auch das grösste Problem für diesen Forschungszweig darstellt. Erstaunlicherweise gibt es dennoch Namen, die im Wortschatz der Einheimischen überlebt haben und heute als Zweitnamen dienen, obwohl sie nirgends schriftlich festgehalten sind. Diese wertvollen Überbleibsel zeugen von der Überlieferungskraft der gesprochenen Sprache. Menschen, die solche Namen kennen, seit Geburt in derselben Region leben und den lokalen Dialekt einwandfrei sprechen, sind Gewährsleute für sprachgeschichtliche Forschungsarbeiten. Sie sind neben Urkunden und Karten die dritte Quelle für die namenkundliche Arbeit.

Grundsätzlich lässt sich feststellen, dass viele Berggipfel ihren Namen von einer darunter liegenden Alp erhalten haben. So zum Beispiel der ***Ortstock***, ein Grenzberg zwischen den Kantonen Glarus und Schwyz. Er hat seinen Namen von der äussersten Glarner Alp vor der Kantonsgrenze erhalten, der Alp Ort. Viele Bergnamen sind auf diese einfache Weise erklärbar, aber nicht weniger interessant. Denn die Geschichte der Alp ist zwar eine andere – sie gehört aber genauso zum Gipfel. So wurde früher mit dem Begriff ***Ort*** tatsächlich der letzte Teil eines Gebietes vor der Grenze bezeichnet.

Namen mit *-berg* weisen immer auf eine Alpnutzung hin. Damit wird nicht der eigentliche Berggipfel bezeichnet, sondern entweder das Massiv oder der Raum zwischen dem Talboden und der Alp oder die Alp selbst. Die darüberliegenden Erhebungen sind die eigentlichen Berggipfel. Diese Gipfel präsentieren sich unter verschiedenen Formen, die im Bergnamen das Grundwort, den zweiten Teil des Namens, ergeben: *-stock, -horn, -grat, -first.* Oder, wenn vom Alpnamen abgeleitet: *-berg.* Hinzu gesellt sich meist ein Bestimmungswort, der erste Teil des Bergnamens. Dieser deutet häufig auf eine Eigenschaft des Bergs hin: Farbe des Gesteins, Form, Flora, geologische Beschaffenheit, Nutzung oder Gefährlichkeit.

Diese Form- und Eigenschaftsbezeichnungen sind sehr exakt. Ein Grund dafür mag sein, dass die Älplersprache selber sehr exakt ist. Für alle alpwirtschaftlichen Tätigkeiten und Handgriffe gibt es genaue Begriffe, auch für Werkzeuge und Wetterphänomene. Diese Genauigkeit wurde häufig auf die Bergnamen übertragen. So ist das Grundwort *-stock* exakt definiert: Es beschreibt den oben abgeflachten Baumstrunk. Der aufkommende Tourismus des 19. Jahrhunderts führte jedoch zu einer Verwässerung des Begriffs. In jener Zeit wurde vielen Bergnamen auf Panoramen und Karten ein *-stock* angehängt. Umgekehrt lässt sich feststellen, dass gerade die Einheimischen dieses Grundwort weglassen und die Namen verkürzen: Aus dem *Fronalpstock* (SZ) wird der *Froni.*

Wie bei allen Flurnamen sind auch bei den Bergnamen volksetymologische Umdeutungen häufig. Wurde ein Wort oder ein Begriff mit der Zeit nicht mehr verstanden, deutete man ihn meistens volksetymologisch um. Solchen Irrtümern kann man dank den ältesten Belegen auf die Spur kommen.

Die ältesten Belege können Namenforscher zurück in eine Sprache führen, für die es keine schriftlichen Belege gibt, wie beispielsweise das Indogermanische. Die indogermanische Sprache – die als Mutter aller europäischen Sprachen gilt – ist aber so gut erforscht, dass es neben vielen anderen auch indogermanische Wörterbücher gibt, die zum Werkzeug der Namenforscher gehören. Darin werden die Wörter aus den Gesetzen der Sprachentwicklung hergeleitet. Und zwar zeitlich rückwärts, ausgehend vom ältesten schriftlichen Beleg als Ausgangspunkt. Die dadurch rekonstruierten Wörter ohne schriftlichen Beleg werden in namenkundlichen Texten (also auch in diesem Buch) mit einem Asterisk (*) gekennzeichnet.

Das vorliegende Buch kombiniert den namenkundlichen Text mit Geschichten. Siebzig Bergnamen, ihre Deutung und ihre Geschichten werden hier erzählt.

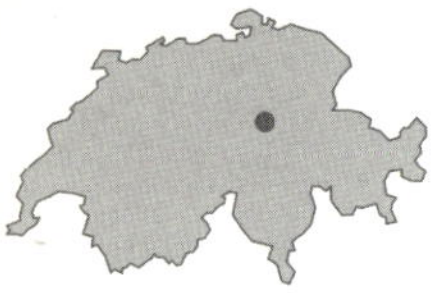

5000

1899 m ü.M.

0

Mythen Schwyz

In einem übergrossen Gemälde, dramatisch mit aufsteigenden Wolken inszeniert, sind die beiden *Mythen* im Nationalratssaal des Bundeshauses in Bern an die Wand gemalt. So hat sich Friedrich Schiller wohl von Johann Wolfgang Goethe diese eindrückliche Berglandschaft gegenüber dem Rütli schildern lassen, bevor er im Jahr 1803 zur Feder griff und den «Wilhelm Tell» schuf. Goethe war nämlich auf dem Weg nach Italien durch den Talkessel von Schwyz gereist und hatte sich mit eigenen Augen ein Bild von den beeindruckend wirkenden *Mythen* machen können.

Die erhabene Gestalt der *Mythen* beruht auf ihrer geologischen Besonderheit – sie sind mit dem Matterhorn verwandt, denn beides sind Klippen. Klippen entstehen, indem das umliegende Gestein der mächtigen Gesteinsdecken durch Erosion mit der Zeit abgetragen wird und am Ende ein weitgehend freistehender Berg übrig bleibt.

Zurück zu Friedrich Schiller. In der Szenenbeschreibung zum ersten Aufzug seines «Wilhelm Tell» schreibt er: «Über den See hinweg sieht man die grünen Matten, Dörfer und Höfe von Schwyz im hellen Sonnenschein liegen. Zur Linken des Zuschauers zeigen sich die Spitzen des Haken, mit Wolken umgeben; zur Rechten im fernen Hintergrund sieht man die Eisgebirge.» Wo sind bloss die *Mythen* geblieben? Ganz einfach – Schiller nennt sie *Haken*, wie sie auch von einigen zeitgenössischen Reiseschriftstellern und Topografen genannt werden. Dieser Name bezieht sich eigentlich auf die heutige *Haggenegg*, ein nordöstlich an die *Chli Mythen* grenzendes Gebiet.

Wenn man von den *Mythen*, mundartlich *d Miite*, spricht, meint man eigentlich das ganze Bergmassiv. Diese wie eine Einzahl benutzte Mehrzahlform hat in den letzten Jahrzehnten dazu geführt, dass die Berge je länger je mehr einzeln als Maskulinum bezeichnet werden. Dabei handelt es sich ganz klar um eine stolze Innerschwyzerin, wie die Belegreihe zeigt: *Chu°nrad uro in Mitun* (1217), *Jtem vnd in sölicher wyß form und gstalt bannen vnd verpannen wir die Mitten, Rottenfluo, den Steiner bärg uß, die Gnipen, die Rige vnd die Hon Flu°* (1490), *vnnder der Mitten gelegen* (1521), *von der Rotenflu° gegen der Mitten … vntz vff die flu° gegen Holtz* (1550), *vnder der Miten/Mitten* (1552), *stost obsich ann bann vnnder der Mÿten* (1576), *Alb, Allb, Alp, ein Wasser, welches in dem Land Schweitz entspringt, von der Myte herkommt* (1747). Auch Albert Heim nennt sein *Panorama von der Grossen Mythe* aus dem Jahr 1866 in der althergebrachten femininen Form und schreibt in einer Fussnote dezidiert: *Es heisst die Mythen, und nicht der Mythen.*

Laut Viktor Weibel vom Schwyzer Namenbuch ist der feminine Name *Miten* ausser in Schwyz auch im Kanton Uri mehrfach belegt. Dabei werden in Uri freistehende Felssäulen mit diesem Namen bezeichnet. Ein besonderes Beispiel ist vielleicht der sogenannte *Schillerstein*, ein hinkelsteinförmiger Fels, der in der Nähe des Rütlis aus dem Vierwaldstättersee ragt. Bevor dieser Fels «Dem Sänger Tells» gewidmet wurde, hiess er *Mitenstein*. Weibel deutet den Bergnamen als Reliktwort zu lateinisch *mêta*, 'Säule, kegel- oder pyramidenförmige Figur'. Romanisches *-ei-* wurde im Alemannischen zu langem *-i-*. Im Schwyzer Namenbuch schreibt Weibel: «Im Fall der Namen in Uri und bei unserem Bergnamen muss man von grossen, aufragenden Fels- oder Steinblöcken bzw. von der gewaltigen und überaus dominanten Pyramidenform als namenbestimmende Elemente ausgehen.»

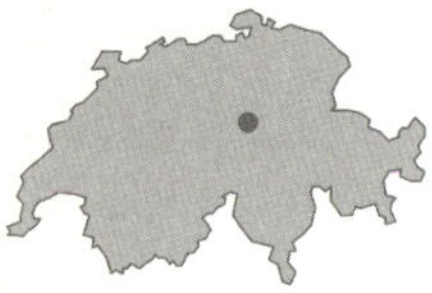

5000

1797 m ü.M.

0

Rigi Schwyz

Die *Rigi* thront wie eine kegelförmige Aussichtskanzel über dem Mittelland. Sie steht am südlichen Ende des Zugersees, am Einfallstor der Nord-Süd-Achse – vielleicht nennt man sie deshalb 'Königin der Berge'? Und nicht nur wegen der grandiosen Aussicht? Bei klaren Sichtverhältnissen sieht man von *Rigi-Kulm* bis zum Matterhorn im Süden und im Norden bis in den Schwarzwald. Ihre während Jahrmillionen übereinandergeschobenen Nagelfluhschichten, sogenannte *Riginen*, gaben ihr den Namen, und ja – sie ist weiblich.

Die Deutung, wonach der Bergname *Rigi* von *Regina (montium)* (also 'Königin der Berge') abgeleitet sein soll, erscheint bereits im Jahr 1479 in der landeskundlichen Beschreibung der acht alten Orte aus der Feder von Albrecht von Bonstetten, des Humanisten und Dekans des Klosters Einsiedeln. Dabei verwendet er laut Schwyzer Namenbuch aber in der deutschen Version nicht *Regina*, sondern dem Namen angemessener *Rigena*. Nach Bonstetten sollen in diesem Berg auch Heilige verborgen gewesen sein, die sich gelegentlich durch Gesänge oder gar leibhaftig bemerkbar machten. Seine Regina-These wurde über Jahrhunderte von Reiseschriftstellern und Lexikografen gepflegt, bis Namenforscher Josef Leopold Brandstetter erst Ende des 19. Jahrhunderts «endgültig mit den Deutungen aus dem Latein aufräumte», wie Viktor Weibel schreibt. Brandstetter bringt die richtige Deutung mit althochdeutsch *rîga*, 'Linie, Reihe', und bezieht das auf die streifenförmige Struktur im oberen Bereich des Berges. Das Schweizerdeutsche Wörterbuch, das Idiotikon, definiert *Rigine* als 'horizontal laufende Schichtung, Streifen, Band im Gebirge'.

Die urkundlichen Belege für die *Rigi* sind zahlreich und gehen zurück bis ins Mittelalter. Erstmals ist die *Rigi* im Jahr 1368 in einer Urkunde erwähnt: *in pede montis riginam*, 'am Fusse des Berges *Riginam*'. Etwas später, im Jahr 1384, ist von *Riginen* die Rede. Ab 1508 ist die Bezeichnung klar feminin: *So ward dem Schwiter und sinem bru°der Tschey der boden zu° Brunnen und die gelegenheit am Haggen und die Reginen, den bergen, so diser zit die Rige heisst, zu° theil.* Dass dieser Berg schon früh in vielen Dokumenten anzutreffen ist, verdankt er seiner prominenten Lage. Der einsetzende Alpen-Tourismus Mitte des 19. Jahrhunderts bescherte dem beschaulichen Voralpenberg eine steile Karriere. Alle wollten die *Rigi* sehen, alle wollten sie erklimmen. Mit den Wünschen der Touristen entstand für die Einheimischen ein einträglicher Geschäftszweig. Die alte Route von Zürich nach Innerschwyz führte nicht etwa wie heute nach Goldau und von dort auf die *Rigi* – sie führte von Zug mit dem Schiff über den Zugersee nach Arth, wo die Rigiträger ihre Arbeit aufnahmen. In Sänften brachten sie ihre Kundschaft auf schmalen Pfaden zuerst auf einem steilen Weg durch den Wald an der Nordlehne hinauf zum Dächli und von dort über Stafel nach Rigi-Kulm. Auf der einen Seite Abgrund und heikle Passagen, auf der anderen die einträgliche Last, die eine willkommene Einnahmequelle bot.

Doch das touristische Transportgeschäft konnte der Nachfrage kaum gerecht werden. So zogen die voralpine Lage und die geologischen Voraussetzungen der *Rigi* die Tüftler der Zeit an, denn sie schien ein idealer Standort für die Einführung eines neuartigen Bahnsystems zu sein. Am 12. August 1863 erteilte der Staat Frankreich dem im Elsass geborenen gelernten Mechaniker und begabten Lokomotivbauer Niklaus Riggenbach (1817–1899) das Patent Nummer 59625: für die Erfindung der Zahnradbahn. Sechs Jahre lang blieb seine Erfindung liegen und niemand interessierte sich dafür, bis der schweizerische Generalkonsul in den Vereinigten Staaten in der Schweiz weilte und Riggenbach in seinem Oltner Büro besuchte. Er sagte: «Well, Mr. Riggenbach, Sie bauen eine Eisenbahn auf die Rigi!», wie der Pionier in seinen Memoiren erzählt. Dass dieses Vorhaben nicht einfach durchzuführen war, kann man sich vorstellen. Dazu berichtet Riggenbach: «Von dieser bereits geschilderten Reise zurückgekehrt, nahm ich mir die Energie und zähe Ausdauer der Yankees, die mir in Nordamerika so imponiert hatte, zum Vorbilde, um meinen Plan einer Eisenbahn auf die Rigi allen Hindernissen zum Trotze durchzusetzen. Ich nahm mein Modell wieder zur Hand und ging auf die Suche nach Geld. Endlich gelang es mir nach vielen Bemühungen, das nötige Kapital zusammenzubringen: es bildete sich eine Gesellschaft zum Bau der Linie Vitznau-Rigi-Kulm.» Es boten sich weiterhin in der Tat aussergewöhnliche Hindernisse: «Der Deutsch-Französische Krieg war kurz nach jener Probefahrt ausgebrochen, und die Preussen hatten in Variierung des bekannten Ausspruchs Bismarcks: 'Man muss das Geld nehmen, wo man es findet!' unsere in Ars bei Metz bestellten Schienen mit Beschlag belegt und zum Teil als Faschinen zu ihren Befestigungswerken verwendet.» Das Material konnte jedoch dank Beziehungen wieder «freigemacht» werden. «Am 21. Mai 1871, elf Tage nach Abschluss des Frankfurter Friedens, wurde unser Friedenswerk, für mich der Gegenstand langjähriger Sorgen und Kämpfe, feierlich eröffnet. In Anbetracht des neuen und in ganz Europa Aufsehen erregenden Systems der Bahn wohnte der Bundesrat in corpore bei. Ein Bundesrat liess die 'Fortsetzung' [hoch] leben (von Stafelhöhe nach Rigi-Kulm), die denn auch nicht lange auf sich warten liess.»

Und diese Fortsetzung auf Schwyzer Boden hatte es in sich. Im Jahr 1870 wurde den Bürgern von Arth die Konzession für eine Zahnradstrecke von Stafel nach Rigi-Kulm erteilt. Sofort wurde der Bau dieser obersten Teilstrecke angegangen, und diese wurde am 18. Juni 1873 eröffnet. Die Arth-Rigi-Bahn wurde anschliessend gebaut und konnte ihren Betrieb 1875 auf der ganzen Strecke mit Talbahnhof in Arth aufnehmen. Da die Vitznau-Rigi-Bahn für den Streckenabschnitt zwischen Stafelhöhe und Kulm keine Konzession besass, musste sie für die letzten Meter den Schwyzern Pachtzins bezahlen – notabene bis zur Fusion der beiden Bahnen im Jahr 1992.

Für Niklaus Riggenbach war die Erstellung der Rigibahn der Durchbruch, denn zuvor glaubte niemand an sein Patent. Nach diesem Erfolg erhielt er unter anderem Aufträge für Bahnen in den «Nil Gheris oder 'Blauen Bergen' im Südwesten Englisch-Indiens», in Rio de Janeiro, Lissabon, Bombay, Sumatra und Algier. Seine Autobiografie, die seine auf der ganzen Welt bestandenen Abenteuer erzählt, schliesst er so: «Aus dem Verwaltungsrat der Zentralbahn bin ich zwar zurückgetreten, dagegen haben mich meine Kollegen von der Rigibahn bis jetzt nicht entlassen wollen. Auch die öffentlichen Angelegenheiten und gemeinnützigen Bestrebungen von Olten und Umgebung beschäftigen mich noch lebhaft. Im übrigen aber erwarte ich stündlich den Ruf des Herrn. Er wird es wohl machen.» Niklaus Riggenbach starb am 25. Juli 1899 in Olten.

Alpstein Appenzell Ausserrhoden / Appenzell Innerrhoden / St. Gallen, Bergmassiv

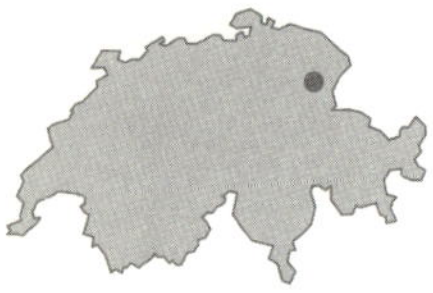

Schon früh interessierten sich Volk und Gelehrte für den *Alpstein* mit dem *Säntis* als höchstem Gipfel. Das östliche Gebirge an der Grenze zum romanischen Siedlungsgebiet zwischen Appenzell, Toggenburg und Rheintal bot dem Volk seine saftigen Alpwiesen und erwies sich für die Gelehrten als gut erreichbarer und nicht in eisigen Höhen gelegener Forschungsplatz.

Dieses frühe Interesse schlägt sich auch in den für Bergnamen ausserordentlich alten Belegen nieder. Der Appenzeller Namenforscher und Linguistik-Professor Stefan Sonderegger führt denn in seinem Büchlein über den *Alpstein* auch einige über tausendjährige Belege auf: «Als älteste schriftliche Belege für die Bergnamen des Appenzellerlandes dürfen die allgemeinen Nennungen *Alpes* (Alpen, Alpstein), *Alpes Rhetiarum* (Alpen der Rätier), *iuga Retia* (rätische Joche) in den Lebensbeschreibungen des Glaubensboten Gallus vom Ende des 8. Jahrhunderts und aus dem 9. Jahrhundert gelten.»

Die Belege zeigen, dass sich eine zunächst allgemeine Benennung *Alpen* für den *Alpstein* durchsetzt. Erst im Laufe der Jahrhunderte konkretisiert sich der Name zunehmend; über längere Zeit existieren aber mehrere ähnliche Namenformen nebeneinander. Es scheint, dass sich *Alpen* als Bergname nicht eignete, schliesslich dehnt sich der Alpenbogen ja von Nizza bis Niederösterreich und Slowenien aus – und nicht nur über die Ostschweiz.

Die Entwicklung zur Festlegung des Namens – mit immer wieder wechselnden Bezeichnungen – zeigen die weiteren Belege: die *Appenzellischen Gebirg* (1479, Albrecht von Bonstetten), *Der Albstein* (1527, Fritz Jakob von Andwil, «Kurze Beschreibung des Volks und der Landschaft Thurgäuw»), *Der Albstein* (1531, Vadian), *an den hohen Alpen* (1576, Josias Simler), *Der hoche Alpstein* (1654, J.J. Wagner, «Historia naturalis»), *die drei Alpstein* (1740, Gabriel Walser, «Neue Appenzeller Chronik») und *Alpstein* (1747, Johann Jacob Leu).

Sonderegger erklärt die Bedeutung des Namens *Alpstein* als 'Alpengestein, Alpengebirge', wobei *Stein* kollektiv 'Gebirge, Gestein' meint, so wie es in Bergnamen für Felsgebirge öfter vorkommt (vgl. den österreichischen *Dachstein*). Der Name *Alpstein* kommt laut Sonderegger in Graubünden noch als Sammelbezeichnung für die Seewiser Alpen im Prättigau (Schesaplana-Gebiet) und, wie auch andernorts, als Flurname vor.

In der Sprache der Bergbewohner gibt es für *Alpstein* allerdings auch eine appellative Bedeutung, wie der Blick ins Schweizerdeutsche Wörterbuch zeigt. Dort finden wir die folgende Erklärung: «Sogenannte Alpsteine, auf denen die Grenzen der Alp eingeritzt sind und (die) nebstdem mittelst Einritzungen die Bäche, Wege und Staffeln bezeichnen.» Eine Verwendung in diesem Sinn ist für die Gebiete Appenzell, Bündnerland und Wallis belegt.

Da es sich beim *Alpstein* um einen markanten Grenzberg zwischen drei Gebieten und Kantonen handelt, scheint mir eine volksetymologische Umdeutung vom kleinen Grenzstein auf den grossen *Alpstein* nicht abwegig. Dafür sprechen einerseits die über Jahrhunderte unsichere Benennung des Massivs und andererseits die Grenzstreitigkeiten, die ebenfalls über Jahrhunderte andauerten.

Die Alpgebiete auf dem *Alpstein* sind seit je in privatem Besitz, anders als anderswo in der Schweiz, wo die Alpwirtschaft genossenschaftlich organisiert war und noch ist. Zwischen dem 15. und 18. Jahrhundert sind Streitigkeiten zwischen Appenzeller, Rheintaler und Toggenburger Alpinhabern urkundlich bezeugt, die man durch Schiedssprüche zu lösen versuchte.

5000

2119 m ü.M.

0

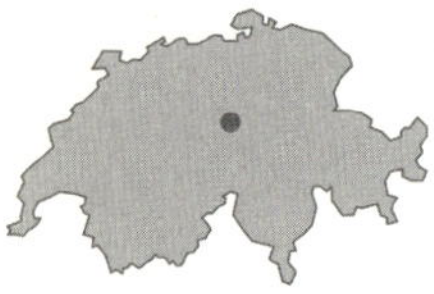

Pilatus

Nidwalden / Obwalden

Die Leiche von Roms Statthalter in Jerusalem, Pontius Pilatus, fand ihre letzte Ruhestätte ausgerechnet in der Schweiz. In einem See. Da es überall, wo Pilatus beerdigt werden sollte, zu fürchterlichen Stürmen gekommen sei, müsse man einen ganz hohen Berg suchen, um ihn zu begraben. Und weil auf dem *Pilatus* ohnehin ständig Unwetter toben, sei er dort oben im Pilatussee gut aufgehoben, dachte man. Also liegt er nun hoch oben unter den Felsen im Pilatussee, der in der Zwischenzeit aber ausgetrocknet ist. Nur, seine Ruhe sollte man nicht stören, sonst drohen Unwetter, die im Tal Überschwemmungen anrichten und die Menschen bedrohen.

So weit die Sage über diesen markanten Berg, der als ein Torwächter zu den Alpen dient. Pontius Pilatus' Frieden nicht zu stören – und damit Unwetter zu provozieren –, ist der Grund dafür gewesen, dass im Mittelalter die Besteigung des *Pilatus* unter Androhung höchster Strafen verboten wurde. Dass dieses Verbot auch gegenüber Geistlichen umgesetzt wurde, zeigt das Zitat einer Verhandlung aus einem Luzerner Ratsprotokoll im Jahr 1387. Sechs Kleriker wurden dabei erwischt, wie sie den Pilatus bestiegen und zu allem Übel sogar noch den Pilatussee besuchen wollten: *Anno 1387 septimo die dominico post Laurencii hora nova in stupa consulum Johannes Machofride de Gengenbach, Johannes Brunelwer de Ueberlingen, Nicolaus Bruder de Thurego, -Ulricus Gürtler de Lentzburg, Rudolfus Nawe de Lucerna, Johannes Ratzinger de Lucerna, clerici. Juraverunt urvediam super captivationem, qua fuerant detenti pro eo, quod ascendere volebant cacumen Fracti Montis (et ad lacum Pilati).* Übersetzt wurde das Protokoll so: 'Im Jahre 1387 am Sonntag nach Laurentij, zur neunten Stunde, schwuren in der Ratstube nachgenannte Geistliche Johannes

Machofride de Gengenbach, Johannes Brunelwer de Ueberlingen, Nicolaus Bruder de Thurego, Ulricus Gürtler de Lentzburg, Rudolfus Nawe de Lucerna, Johannes Ratzinger de Lucerna Urfehde wegen der Gefangennahme, durch die sie festgehalten wurden, weil sie auf die Spitze des Pilatus und zum See aufsteigen wollten'.

Unwetter bedeuteten früher wie heute existenzielle Nöte. Häufige Unwetter gingen an Leib und Leben. Solche Bedrohungen von einer Siedlung fernzuhalten, war eine der Aufgaben der Obrigkeit. Diese Mischung aus Gottesfurcht, Obrigkeitszwang, Mythologie und Ausgeliefertsein an die Naturgewalten waren die Bausteine der Pilatus-Sage, einer Wandersage, die man im ganzen Alpenraum antrifft. Darin war nicht zuletzt die generelle Furcht vor den Bergen begründet, die Historiker früher zum Schluss kommen liess, die Alpen würden erst seit 200 Jahren, seit dem Aufkommen des Tourismus, überhaupt begangen. Das stimmt genauso wenig wie die Behauptung, dass der römische Statthalter dem Berg Pate stand. Laut Nidwaldner Namenbuch ist als Ursprung ein lateinisches *pila*, 'Säule, Pfeiler' anzunehmen, das ein *t*-haltiges Suffix erhielt (wie etwa die Bündner Ortschaft *Pilöt*, deren Name ebenfalls von *pila* abgeleitet ist). Ein Name wie **Pilat* kann als Magnet für Legendenbildung gedient haben, da bereits die lautliche Nähe zwischen *Pilat* und *Pilatus* bestanden hat. Frühere Erklärungen mit *mons pilleatus*, 'Berg mit Nebelhut', vom lateinischen Wort *pilleatus*, 'Filzhut', sind als volksetymologische Deutungen zu beurteilen.

Das Nidwaldner Namenbuch zweifelt auch an der landläufigen Behauptung, *Fräckmünt* sei der ursprüngliche Name des *Pilatus*. Für diese Zweifel sprechen vor allem viele unbeantwortete Fragen betreffend Wortbildung und Lautwandel. Rätselhaft bleibt auch die frühe, aber unsichere Überlieferung des Namens. Den ersten Beleg findet man im «Quellenwerk zur Entstehung der Schweizerischen Eidgenossenschaft», einer Buchreihe, in welcher Quellen zur Gründung der Schweiz transkribiert und zusammengetragen sind. Dabei bezieht sich die Transkription auf eine Luzerner Klosterurkunde aus dem Jahr 840: *omnes res nostras, quas in Chrientes habemus, ad eundem locum tradere, id est ab altitudine Fracti Montis usque ad Lacum et inde ad medietatem fluminis Ruse*, 'deshalb beliebt es uns, allen Besitz, den wir in Kriens haben, dieser Institution zu überlassen. Dies ist (umfasst das Gebiet) von der Höhe des Fracti Montis bis zum See (und) von dort bis zur Mitte des Flusses Reuss'. Der zweite Beleg stammt erst wieder aus dem Jahr 1387 und ist obengenanntes Betretungsverbot.

Es sind unterdessen ein paar Dutzend Belege vorhanden, in denen *Fräckmünt* und *Pilatus* abwechselnd genannt sind. Doch es ist nicht immer sicher, ob wirklich der Gipfel gemeint ist und nicht eher ein Alpgebiet. Es gibt in Turbenthal (ZH) eine Namengleichung *Freckmünd*, mit der ein ehemaliger Hof in einer Talsenke genannt wurde, die von einem Bach durchflossen ist und im Grund ziemlich ebenes Gelände aufweist. Einen ähnlichen Lokalbefund erkennt man bei den beiden *Fräckmünd* am Pilatus: abfallendes muldenförmiges Gelände mit Bach im Zentrum.

Dann ist noch anzumerken, dass alte romanische Wortzusammensetzungen mit *mons* das Adjektiv oder ein Partizip immer in zweiter Position zeigen (wie auch das Beispiel von *Munprecha*, heute 'Schijen', an der Grenze der Kantone Schwyz und Glarus zeigt). Der Verfasser des Nidwaldner Namenbuches, Viktor Weibel, vermutet deshalb darin einen bisher unbekannten technischen Begriff aus dem klösterlichen Verwaltungsbereich, da es sich beim Ursprungsbeleg aus dem Jahr 840 um eine klösterliche Urkunde handelt.

Pilatus im Vollmondlicht

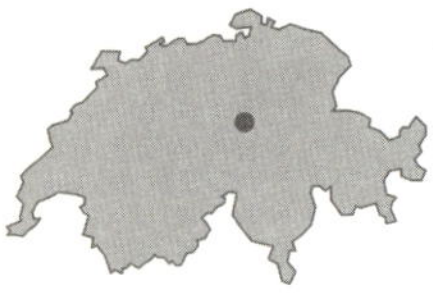

5000

1580 m ü.M.

0

Rossberg

Schwyz

«Schwyz, 5. Sept. – Der 2. Sept. war für den Bezirk Schwyz ein trauriger, jammervoller Tag. Nach einem vier und zwanzig stündigen ausserordentlich heftigen Platzregen borst um 5 Uhr Abends an dem Berge Spitzebüol, ob dem Dorfe Röthen, dessen oberste Felsenspitze. Zugleich trennte sich, durch unterirrdisches Wasser von dem Kern des Berges gelöset, eine ungeheure bey 300 Ellen tiefe Erdmasse in einer Breite von 100 Fuss vom Gebürg.

Diese fürchterliche Errdlauwe, riss Wohnungen, Menschen und Vieh mit sich, über den Rücken des Bergs, und stürzte mit unbeschreiblicher Gewalt in das unten gelegene Thal. Viele Centnerschwere Steine vor sich her durch die Luft auf eine unglaubliche Weite schleudernd, trieb der viele Ellen hohe Erdstrom mit Blitzesschnelle über die eine Stund breite, fruchtbare und mit Wohnungen übersäete Ebene an den gegenüber liegenden Rigi-Berg, drückte den Schutt mehrere tausend Fuss hoch den Berg hinauf, zersprengte da die dickesten Bäume in Splitter, weit herum alles verheerend und überschüttend. Ein kleiner Theil der schrecklichen Masse hatte schon beym Anbruche eine von der Hauptmasse verschiedene Richtung genommen; diese drehte sich links, wälzte sich aufwärts gegen den Lauwerzer-See, trieb ihn aus seinem Bethe, und nöthigte die Fluth 150 Schuh hoch über das Ufer zu springen. Die Gewalt des Wassers riss alle Gebäude rings um den See mit sich fort, zerstörte die Landstrasse, und bedeckte den See mit Trümmern und Ruinen. Es verschüttete dieses grässliche Ereignis in 5 Minuten eine der nutzbarsten und schönsten Gegenden des Bezirks von Lowerz bis Ober-Art, eine Stunde breit und eine Stunde lang. Die herrlichsten Wiesengüter, vier beträchtliche Ortschaften, Lowerz, Busingen, Goldau und Röthen, unzählige zerstreute Wohnungen und Höfe, über 1000 Menschen, und eine unsägliche Menge

Vieh liegen unter vielen Ellen hohem Schutte begraben. Man kennt den Platz nicht mehr, wo dieser oder jener Ort gestanden, und quer durch die Mitte des verwüsteten Stück Landes steht ein ganz neuer Berg von beträchtlicher Höhe da.»

Dieser in der Neuen Zürcher Zeitung vom 9. September 1806 beschriebene «ganz neue Berg» steht jetzt mitten im Tierpark Goldau, wo man sich das Ausmass dieser Katastrophe und die Dimensionen der durch die Luft geschleuderten Felsbrocken vergegenwärtigen kann. 457 Menschen starben, über 100 Häuser, 220 Ställe und Scheunen, zwei Kirchen und zwei Kapellen wurden zerstört. Das Dorf Goldau ist seither und für immer mit diesem Ereignis verbunden – und dieses löste die erste gesamtschweizerische Sammel- und Hilfsaktion aus.

Mit dem Namen *Rossberg* wird der ganze Bergrücken, auf dem die Grenze zwischen den Kantonen Schwyz und Zug verläuft, bezeichnet. Zwei Gipfelnamen gehören deshalb zum Rossberg: der *Gnipen* und der *Wildspitz*. Die Anrissfläche des Bergsturzes befindet sich unterhalb des *Gnipens*, neben dem *Oberen Spitzibüel*, der heute noch als Alp bestossen wird.

Der Name *Rossberg* sagt uns etwas über vergangene alpwirtschaftliche Verhältnisse: Auf dem *Rossberg*, wobei mit *-berg* die Alp bezeichnet wird, wurden Pferde gesömmert. Diese Art der Alpnutzung lässt sich im Gebiet des alten Landes Schwyz bis ins Mittelalter zurückverfolgen. Laut dem Schwyzer Namenbuch könnten einige Namen mit *Ross-* auf Alpen auch darauf zurückgehen, dass man an den betreffenden Stellen das sogenannte Alpross weiden liess, das man für diverse Transporte mit auf die Alp genommen hatte. Dabei muss man wissen, dass die Pferde noch Gras abweiden, das die Rinder verschmähen, weil es überständig, hart und trocken ist. Den ältesten Beleg für den Namen *Rossberg* finden wir im Jahr 1354, *an den Roßberg vf Fachlis-Balm*, was auf eine frühe Alpnutzung mit Pferden hinweist.

Eher sonderbar hört sich der eigentliche Gipfelname des Rossbergs an: *Gnipen*. Die Belege für diesen Namen gehen zurück bis ins Mittelalter: *und gat uß Genippen ueber den Roßberg hin* (1407), *gegen dem Gnyppen-Spitz* (1807), *durch den Sturz des Knipenspitzes binnen 4 Minuten in eine der schauerlichsten Wüsteneien verwandelt (1838)*. Viktor Weibel stellt den Bergnamen zu mittelhochdeutsch *gnippe, gnîp, knîp*, 'Messer, Stechmesser, Dolch', schweizerdeutsch *Gniip, Gniipe*, 'grosses halbmondförmiges Messer mit zwei Griffen (Wiegmesser), Schusterkneif' metaphorisch übertragen auf bestimmte an ein solches Messer erinnernde Geländestrukturen. Das schweizerdeutsche Wort *Gniipe* ist übrigens verwandt mit dem englischen *knife*, 'Messer'.

Piz Bernina Graubünden

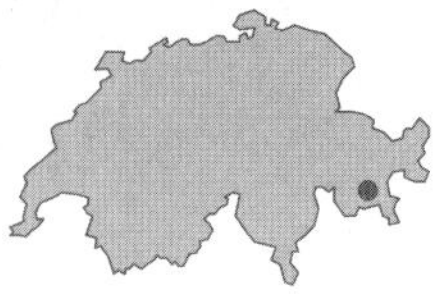

5000

4049 m ü.M.

0

Am 13. September 1850, die Sonne stand bereits nahe dem Horizont, hat es eine Dreierseilschaft nach 20 Stunden Aufstieg geschafft, diesen als unbesteigbar geltenden höchsten Engadiner zu bezwingen. Der Churer Topograf Johann Coaz bestieg mit seinen beiden Domleschger Gehilfen Jon und Lorenz Ragut Tscharner in einer einzigartigen Aktion den namenlosen Gipfel und gab ihm den Namen *Piz Bernina*, nach der darunterliegenden Alp.

Laut Rätischem Namenbuch galt der Name ursprünglich wohl nur der Siedlung *Bernina suot*, die früher dauernd bewohnt war. Erst später bekamen die Alp und danach der Pass ebenfalls diesen Namen. Für die Siedlung *Bernina suot* finden sich bereits aus dem 15. Jahrhundert urkundliche Belege: *Barnyna* (1429), *Barlina* (1438), *Bernina* (1461), *Berlina* (1496), *in welsch Pernina, zu deutsch der Perlinger* (Tschudi, 1538), *Mons Bernina* (1575), *Chiesas da Bernina* (1642). Der ursprüngliche Siedlungsname stammt laut dem Namenforscher Andrea Schorta, dem Autor des Rätischen Namenbuchs, wohl vom Personennamen *Bernin*, der als *Bernini* in Oberitalien verbreitet, in Bünden jedoch nicht nachweisbar ist. Alpnamen aus Personennamen sind im Oberengadin laut Schorta aber häufig.

Es sind Pionierleistungen, die von den Vermessern und Topografen des 19. Jahrhunderts erbracht wurden. Nicht nur in Bezug auf ihre kartografische Tätigkeit, sondern auch was ihre alpinistische Leistung angeht. Viele Erstbesteigungen gelangen einem Vermessungsteam, das nicht nur sich selbst, sondern auch gleich kiloweise Material auf den Gipfel schleppte, um ein

Meisterwerk der Kartografie zu erstellen: die Dufourkarte. Wie etwa beim *Piz Bernina*. Erstbesteiger Johann Coaz (1822–1918) war nicht nur für zehn topografische Blätter des Dufour-Atlas verantwortlich, sondern wirkte auch als Privatsekretär von General Guillaume-Henri Dufour während des Sonderbundskrieges.

Johann Coaz kam als Sohn eines in holländischen Diensten stehenden Schweizer Berufsoffiziers im damals niederländischen Antwerpen zur Welt. Nachdem seine Familie in die Schweiz zurückkehrte, besuchte er die königlich sächsische Forstakademie in Tharandt. Als Topograf realisierte er laut dem Bergbuchautor Daniel Anker in den folgenden Jahren 34 Erstbesteigungen: Flüela-Wisshorn, Piz Minschun, Augstenberg, Gemspleisspitze/Paraid Naira, Krone, Piz Faschalba, Piz Rots/Vesilspitze, Piz Mundin, Hoch Ducan, Mittaghorn, Piz Kesch, Piz Forun, Piz Üertsch, Piz Calderas, Tschima da Flix, Piz Polaschin, Piz Sarsura, Piz Umbrail, Piz Lischana, Piz San Jon Dadaint, Piz Quattervals, Piz Fier, Cima dei Buoi, Piz d'Esan, Piz Murtèl, Piz Corvatsch, Piz Güz, Piz Led, Il Chapütschin, Piz dal Lej Alv, Crasta dal Lej Sgrischus, Piz Misaun, Piz Tschierva und eben *Piz Bernina*. Im Jahr 1851 wurde Coaz zum Oberforstinspektor des Kantons Graubünden ernannt, und 1875 wählte ihn der junge Bundesstaat zum ersten Eidgenössischen Forstinspektor. Coaz publizierte in seinen 96 Lebensjahren einiges, darunter ein Baum-Album, das der Schönheit 28 subjektiv ausgewählter Bäume huldigen sollte. Nicht nur in der jahrelangen Arbeit als Topograf und Alpinist leistete er Pionierarbeit, auch im Bereich der Lawinenverbauungen betrat er als Eidgenössischer Forstinspektor Neuland. Zunächst einmal setzte er sich mit der wissenschaftlichen Untersuchung von Lawinen auseinander, und schon im Jahr 1867, damals noch als Oberforstinspektor, initiierte er die erste technische Lawinenverbauung im Engadiner Dorf Tschlin. Coaz ging es laut einem Artikel in der Zeitschrift «Bündner Wald» mit den Lawinenverbauungen nicht nur darum, Siedlungen zu schützen. Er wollte auch den darunterliegenden Wald schonen, der wiederum mithilft, Überschwemmungen im Siedlungsraum zu vermeiden. Damit eröffnete Coaz eine neue Dimension bei der Erkennung von Naturgefahren und bei den Massnahmen zum Schutz vor ihnen.

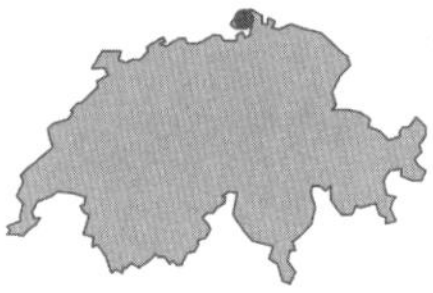

Randen Schaffhausen

912 m ü.M.

Am nördlichsten Zipfel der Schweiz, wo das Land über den Rhein hinausgreift und den Kanton Schaffhausen bildet, steht der bewaldete *Randen* als nördlichster Ausläufer des Tafeljuras an der Grenze zwischen der Schweiz und Deutschland. Um das Jahr 1100 wird der Name erstmals in der Form *Randa* urkundlich erwähnt. Ein paar Jahre später, 1122, heisst es *in confinio Randin*, 'im Grenzgebiet des *Randin*'. Der Beleg aus dem Jahr 1150 spricht von *Hemmental cum silva, quae vocatur Rando*, 'Hemmental mit dem Wald, genannt *Rando*'. In den beiden folgenden hochmittelalterlichen Belegen scheint sich der heutige Name bereits gefestigt zu haben: *der Randen* (1426) und *Rannden* (1465). Wie die ältesten Belege zeigen, handelte es sich bereits im 12. Jahrhundert um ein Grenzgebiet, dessen Wald – und interessanterweise nicht der Berg – *Randin* genannt wurde.

Randen ist ein erstarrter Dativ Plural aus der ortsbezeichnenden Formulierung *in den Randen*. Diese Erstarrung ist eine häufig vorkommende Erscheinung bei Flur- und Bergnamen. Julius Studer schlägt in seinen «Schweizer Ortsnamen» aus dem Jahr 1895 vor, dass der ursprüngliche Name *Randenberg* lautete und durch den Wegfall von *-berg* nur noch die Bedeutungsform *Randen* als Name geblieben sei. Da die älteren Belege nicht auf ein ursprüngliches *Randenberg* hindeuten und mit der Bezeichnung *Berg* landwirtschaftlich genutztes Gebiet und nicht Wald benannt wird, ist diese Theorie kaum haltbar.

Laut Stefan Würth vom Schaffhauser Namenbuch handelt es sich eher um eine Ableitung von mittelhochdeutsch *rant*, 'Einfassung, Rand', womit 'bei den (Berg-)Rändern' die wahrscheinlichste Deutung der ursprünglichen Bezeichnung darstellt. Das bestätigt auch die Realprobe dieses grenznahen Berges: Der *Randen* ist stark gefaltet, wodurch die für ihn charakteristischen Ränder entstanden, die durch die Mehrzahlform bezeichnet werden. Eine gleichartige Benennung finden wir auch in Winterthur, wo ein bewaldeter Kamm den Namen *Randenholz* trägt.

Nicht völlig ausgeschlossen werden kann eine Ableitung vom althochdeutschen Personennamen *Rando* bzw. *Ranto*, auch wenn das sicher nicht die gängigste Form für einen Namen wäre, weil kein *-ingen*, *-hof* oder *-berg* angehängt ist. Auch Studer weist auf einen möglichen Personennamen *Rando* hin, den er als Fürstennamen deutet.

Mit dem stark bewaldeten Gebiet des *Randen* gehört der Kanton Schaffhausen gemeinsam mit dem Kanton Jura zu den waldreichsten Kantonen der Schweiz.

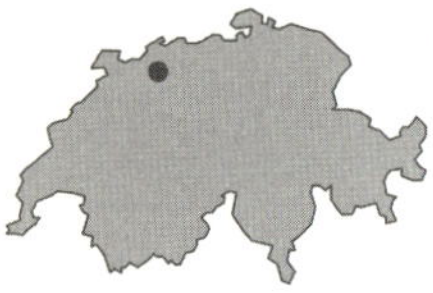

Hohe Winde Solothurn

5000

1204 m ü.M.

0

Ein ungewöhnliches Benennungsmotiv finden wir bei der *Hohen Winde*, einem markanten Berg im Kanton Solothurn, an der Grenze zum Kanton Jura. Das hat Namenforscher Markus Gasser in seiner Dissertation herausgefunden.

Auf die Spur gebracht hat ihn der umgangssprachliche Name, denn die Bevölkerung nennt die *Hohe Winde* einfach *d Winge*. Im dortigen Dialekt wird so auch eine 'Vorrichtung zum Winden', also beispielsweise eine Seilwinde, benannt. Laut Gasser hatte der Berg bis ins 17. Jahrhundert hinein keinen spezifischen Namen; in einem Lehenbrief aus dem Jahr 1532 wird er beiläufig als *Eck* bezeichnet. Wie so häufig, taucht der Bergname erstmals bei Grenzbeschreibungen auf. In einem Dokument aus dem Jahr 1626 heisst es: *dem grúbach graben noch vffhin biß an die Winden.* Später wird geschrieben: *zwischen der winden vnd dem bülstein* (1738), *ist die Winden gezogen, Vnd Nachgehends widerúmb Verkaúfft worden* (1754), *Jtem von beiden Winden* (1808). Als Flurnamen lesen wir den Bergnamen im Dokument aus dem Jahr 1626 zum ersten Mal. Und die beiden Belege aus den Jahren 1754 und 1808 lassen erahnen, dass nicht vom Wind, der auf dem Berg oben weht, die Rede sein kann.

Auch sprachliche Gründe sprechen dagegen, dass der Name auf *Wind* basiert. Mittelhochdeutsches *wint* für 'Wind' ist

ein stark gebeugtes Maskulinum: *der wint, des windes, dem wint, den wint.* In den Belegen finden wir allerdings nur eine Form von *Winden,* was für das mittelhochdeutsche *winde* spricht, in der Bedeutung von 'Vorrichtung zum Winden, Seilwinde, Kran'. *Winde* ist schwaches Femininum, alle Formen ausser Nominativ Singular lauten *winden.* Markus Gasser hat die Frage überprüft, ob es konkrete archäologische oder historische Hinweise auf eine solche Transportinstallation gibt. Doch er wurde nicht fündig. Dennoch ist Gasser überzeugt, dass mit grosser Wahrscheinlichkeit auf dem Gipfel eine Transporteinrichtung existierte, welche das steile und unwegsame Gelände am *Windengraben* überbrückte. Schliesslich sind das Holzschlagen und die Köhlerei in den Beinwiler Bergen für das 15. und 16. Jahrhundert belegt, ebenso wie das Flössen auf der Lützel. Will heissen, dass die Menschen dieser Zeit durchaus in der Lage waren, eine grössere Anlage dieser Art zu bauen. Wahrscheinlich wurde mit dem Holzschlag die Gipfelpartie der *Hohen Winde* als Alpgebiet nutzbar gemacht, wie auf vielen anderen Gipfeln der Jurahöhen. Gasser schreibt, dass «mit der Nutzbarmachung der hochgelegenen Gebiete an der *Hohen Winde* im Verlaufe des 16. Jahrhunderts zweifellos auch eine Infrastruktur eingerichtet werden musste, um die zunächst nur im Sommer besetzten Sennhütten versorgen und um den Käse und die Butter, die dort oben hergestellt wurden, abtransportieren zu können.»

Ursprünglich wurde das Gebiet um die *Kleine Winde* mit dem Namen der Transporteinrichtung benannt. Über 200 Jahre lang wurde *Winde* ohne nähere Bezeichnung in den Dokumenten benutzt, und auch heute wird das Gipfelgebiet lediglich als *d Winge* bezeichnet. Nur wenn, wie in Grenzbereinigungen, genauere Angaben über Weideflächen nötig waren, wurden die Zusätze *Hoch* und *Klein* benutzt, womit der Gipfel die Bezeichnung *Hohe Winde* erhielt.

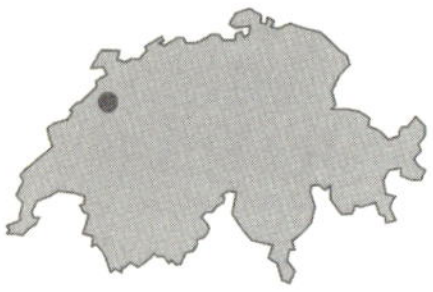

5000

1607 m ü.M.

0

Chasseral Bern

Chasseral und *Gestler* – Wortzwillinge oder nicht? Der *Chasseral* ist der höchste Berg im Berner Jura, im Nordwesten des Kantons Bern. Er bietet bei klarer Sicht ein Panorama vom Säntis bis zum Mont Blanc.

Der Namenforscher Wulf Müller hat sich ausgiebig mit dem *Chasseral* auseinandergesetzt. Laut Müller ist der Name *Chasseral* eine Ableitung von frz. *chasser*, 'jagen', mit einer Zwischenform der beiden Endungen *-ariu* und *-ella*. Der Bergname zeigt uns, welch grosse Bedeutung die Jagd für die mittelalterliche Bevölkerung hatte. Der Name entstand, bevor die ganze Krete abgeholzt und danach als alpwirtschaftliches Weideland benutzt wurde. Die Abholzung fand im Mittelalter in der Zeit zwischen den Jahren 1000 und 1200 statt. Auf diese Zeit geht auch die Namengebung zurück, was man daran erkennt, dass der bestimmte Artikel nicht benutzt wird: Man sagt, *auf Chasseral* und nicht *auf dem Chasseral*.

Man sieht auf den ersten Blick, dass das deutsche *Gestler* nicht mit dem französischen *Chasseral* zusammenpasst. Es handelt sich um ein sogenanntes freies Namenspaar – das vielleicht doch auf dieselben Wurzeln zurückgeht? Wulf Müller stellt *Gestler* zum lateinischen **castellare*, das in der Westschweiz noch in einigen Flurnamen enthalten ist. Es dient vor allem als Bezeichnung für 'Burg, Hügel, Anhöhe', was den Schluss zulässt, dass mit **castellare* auch ein Berg bezeichnet werden konnte. Im Patois wurde **castellare* zu *[tchatlé]*, *[tchétlé]*, was akustisch nicht weit von *[tschasral]*, *[tschesral]* entfernt ist. Diese akustische Ähnlichkeit erhärtet den Verdacht, dass zwischen den beiden Namen eine Verbindung besteht. Es scheint nämlich, dass der deutsche Name einiges älter ist als sein erster Beleg aus dem Jahr 1453: *von dem Gaͤschler herab*. Das Deutsche scheint in

diesem Fall bewahrender gewesen zu sein als das Französische, weil sich die alte Form offenbar bis heute hat erhalten können. Es lässt sich nur erahnen, weshalb die alte französische Form durch das heutige *Chasseral* ersetzt wurde. Wie es aussieht, hat der Berg im Lauf des Mittelalters als Jagdgebiet eine besondere Bedeutung erhalten, wodurch der Name **castellare* von den Frankophonen mit der Zeit als veraltet fallengelassen und volksetymologisch zu *Chasseral* umgedeutet wurde.

Es stellt sich nun die Frage, zu welcher Zeit die Deutschsprechenden das Wort **castellare* entlehnt haben. Die historische Phonetik gibt uns einen Hinweis auf den Zeitpunkt der Entlehnung. Damit anlautendes */g-/* bei *Gestler* erhalten bleibt, muss die deutsche k-Verschiebung (wo */k/* zu */ch/* wird) bereits abgeschlossen gewesen sein. Ansonsten wäre aus dem phonetisch mit */k-/* verwandten */g-/* ein Reibelaut */ch-/* geworden. Die französische Palatalisierung von */k/* (mit der ein */k/* vor */a/* zu */tsch/* wird) war noch nicht weit fortgeschritten. Mit Hilfe dieser beiden Kriterien können wir die Wortentlehnung von **castellare* ins Deutsche im 8. Jahrhundert ansetzen. Dieser Zeitpunkt stimmt auch gut mit dem überein, was wir über die damalige Besiedlung wissen. Die Alemannen, die aus dem Seeland kamen, haben die galloromanischen Flurnamen gehört – unter anderen auch **castellare* – und sie in ihrer Sprache angeglichen. Man kann also von einer Form **Gástelári* ausgehen, das im 8. Jahrhundert gleich wie zum Beispiel *wîlãri*, *-e* aus lateinisch *villãre* gebildet wurde. Im Mittelhochdeutschen entwickelte sich die Nachsilbe *-ári* zu *-aere* und später zu *-er,* das einen Umlaut beim */a/* provozierte, woraus **Ga*^{e}*stler* entstand (in den Belegen erscheint das */t/* nicht immer). Beim ersten deutschen Beleg aus dem Jahr 1453 finden wir bereits den Umlaut und den dialektalen Wechsel von *st > scht* vor: *von dem Ga*^{e}*schler herab.* Der Name *Gestler* ist heute nicht mehr so bekannt und verschwindet langsam, aber sicher aus dem Wortschatz der deutsch sprechenden Bevölkerung.

Müller stellt in diesem Zusammenhang fest, auch im Deutschen fänden sich Flurnamen mit den Elementen *Turm, Burg* und *Schloss*, die sich auf Felsformationen beziehen. Es ist also nicht nur die Wortfamilie von *castellum*, 'befestigter Platz', die eine solche Übertragung zulässt. *Castellum* und die ihm verwandten Wörter haben ihre Spuren auch in den deutschen Flurnamen hinterlassen. Zum Beispiel gibt es mehrere *Gestelen*, die auf *castellione* zurückgehen. Im Seeland gibt es drei Orte mit dem Namen *Gestleren*, die von **castellaria* abgeleitet sind.

Zusammenfassend lässt sich sagen, dass die Zweinamigkeit *Chasseral/Gestler* sich durch einen sprachlichen Entwicklungsprozess im Mittelalter erklären lässt. Dieser Prozess hat eine neue Bezeichnung für den Berg kreiert, weil sich das Bild, das man sich von ihm machte, geändert hatte. Diese Erneuerung hat aber nicht alle Sprachregionen erreicht, weshalb in einer Sprache, nämlich im Deutschen, die ursprüngliche Form erhalten blieb.

La Dôle Waadt

5000

1677 m ü.M.

0

Dicht an der französischen Grenze liegt *La Dôle*. Und man kann es kaum glauben, aber in dieser bereits tief französischsprachigen Gegend hält mit *La Dôle* eine «Suisse Allemande» die Stellung – denn der Name kommt aus dem Deutschen.

Laut dem Glossaire des Patois de la Suisse, dem welschen Mundartwörterbuch, finden wir den ältesten Beleg für den Bergnamen in einem Dokument aus dem Jahr 1628: *Dolaz.* Weiter lauten die Belege *en la Dolaz* (1694), *la doula* (1779), *la Dol(l)e* (1837), *la dola* (1864), *do pi dè la Doula,* 'au pied de la Dôle', 'am Fuss der *Dôle*' (1878). Zugrunde liegt eine Entlehnung aus dem mittelhochdeutschen Wort *dole,* 'Vertiefung, Mulde, Höhlung, Loch'. Im Hochdeutschen gibt es noch das verwandte Wort *Delle,* im Schweizerdeutschen *Tuele.* Insbesondere wurde damit eine rundliche Mulde im Gelände oder ein Gebirgskessel beschrieben.

Die Realprobe zeigt, dass in mehrerer Hinsicht *dolen* vorhanden sind: Auf dem Gipfelplateau befinden sich Dolinen und Karrenfelder, die typischen Landschaftsformen für Kalksteingebirge. Mit einer Doline bezeichnet man ein rundes oder elliptisches Loch oder eine Mulde im Karstgebiet. Eine Doline entsteht durch die Auflösung des Kalkgesteins unter der Oberfläche durch das Regenwasser. Deshalb können Dolinen auch einstürzen, dann entsteht, was man Einsturzdolinen nennt. In einer wesentlich

grösseren Dimension als die Dolinen bildet der gebogene Gipfelgrat der *La Dôle* selbst einen Gebirgskessel, der ebenfalls zur Namengebung motiviert haben könnte.

Die Bezeichnung *Doline* gehört in dieselbe Wortfamilie. Dieser geomorphologische Fachbegriff ist aus dem Slawischen *dolina*, 'Tal', abgeleitet. Dieser Umstand weist darauf hin, dass die Wortwurzel zu einer vordeutschen Sprachstufe gehören muss. Friedrich Kluges Herkunftswörterbuch bringt uns in dieser Vermutung weiter: Zugrunde liegt ein westgermanisches **dal-jo* für 'Vertiefung', das wir auch im alt- und neuenglischen *dell* und im neuniederländischen *del* jeweils in der Bedeutung von 'Tal, Mulde' wiederfinden. Zu demselben Wortstamm gehören auch die *Tülle*, mit der man Schlagsahne kunstvoll auf die Torte drapiert, und der *Dolendeckel* über der *Dole*, dem 'bedeckten Abzugsgraben'.

Tête de Ran

Neuenburg

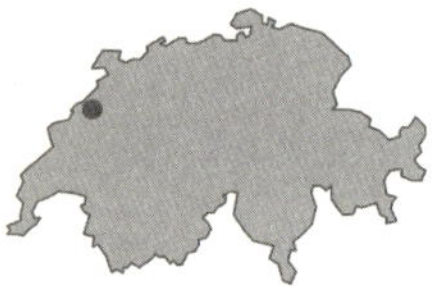

5000

1422 m ü.M.

0

Die *Tête de Ran* befindet sich nordwestlich der Stadt Neuenburg auf einem der Jurazüge. Landläufig wird seit geraumer Zeit behauptet, der Name *Ran* stamme aus dem Patois und bedeute so viel wie 'Abhang', 'Rain'. Doch schon Anfang des 20. Jahrhunderts entdeckte William Pierrehumbert einen anderen Ursprung.

Zu diesem Schluss kam er, als er bei seinen Forschungen auf die ältesten Belege des Bergnamens stiess. Die Belege aus dem 15. Jahrhundert lauten *Testa Durant* und *Teste Durant*. Die Varianten *Teste de Rand, Ran, Rang* tauchen nicht vor dem 16. Jahrhundert auf. Pierrehumbert hat also herausgefunden, dass die *Tête de Ran* ihren Namen einer Familie Durand verdankt, die wohl eine Alp auf dem Berg besass. Schliesslich wird die *Tête de Ran* noch heute bis auf den Gipfel bewirtschaftet. Pierrehumbert stützt sich auf die Tatsache, dass der Familienname *Durand* im Val de Ruz bereits im 14. Jahrhundert belegt ist. Hinzu kommt, dass es in der Gemeinde Les Hauts Geneveys, zu der auch die *Tête de Ran* gehört, noch den Flurnamen *Champs Durants*, 'Ackerfelder der Durant', gibt. Der Lautwechsel von *Durand* zu *Derand*, woraus mit der Zeit die Schreibweise *de Rand* wurde, lässt sich auch im neuenburgischen Örtchen Fresens belegen. Dort existiert ein Flurname *Derand*, manchmal auch *Durand* geschrieben, der mit Sicherheit auf einen Familiennamen zurückzuführen ist. Die *Tête de Ran* steht nicht alleine mit einem Familiennamen da.

Der benachbarte *Mont Racine*, mit 1442 m ü. M. der höchste Berg im Kanton Neuenburg, verdankt seinen Namen ebenfalls einer Familie.

Was die Benennung *tête*, 'Kopf', angeht, trifft dieses Bild sehr gut auf diesen rundlichen und übersichtlichen Gipfel zu. In der Bergnamengebung finden wir den *Kopf* als Formbezeichnung häufig.

Mont des Cerfs
Waadt

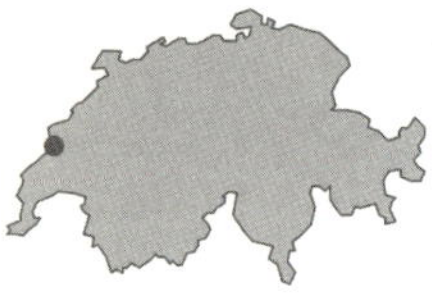

Auch wenn es auf den ersten Blick so aussehen mag – es sind nicht Hirsche, französisch *cerfs*, die diesem Berg den Namen gaben. Dieser Waadtländer Gipfel in der Nähe von Yverdon hat seinen Namen von einem anderen lateinischen Wort erhalten.

Die alten Belege zeigen es: *Mons du Says* (1218), *Mont du Sais* (1342), *Mont dou Say* (1348), *Mont dou Saiz* (1354) und *Mont du Say* in den Texten des 16. und 17. Jahrhunderts. Zugrunde liegt das lateinische Wort *Saxum*, 'Fels', das in den Patois verschiedene Formen erhalten hat: *Sex, Scex, Sas, Saz.* Das lateinische *Saxum* wurde irgendwann nicht mehr verstanden. Wenn der Sinn eines Worts mit der Zeit verloren geht, wird es oft volksetymologisch umgedeutet. Da die Aussprache der alten Namen dem Tiernamen *cerf* ähnlich klang und dieses Wort in früherer Zeit, als die Jagd auf der Tagesordnung stand, in der Umgangssprache auch häufiger war, glich sich der Bergname mit der Zeit dem Tiernamen an. Den ältesten Beleg mit dem Hirschnamen finden wir im Jahr 1556, *Mont du Cerfz*, 'Hirschenberg'. In der «Description de la Principauté de Neuchâtel» von Ende des 17. Jahrhunderts steht zum ersten Mal die heutige Schreibweise *Mont des Cerfs.* Und die Erklärung wird dort auch gleich nachgeliefert: *on y voyoit un grand nombre de cerfs et biches*, 'dort sieht man eine grosse Anzahl Hirsche und Hirschkühe'.

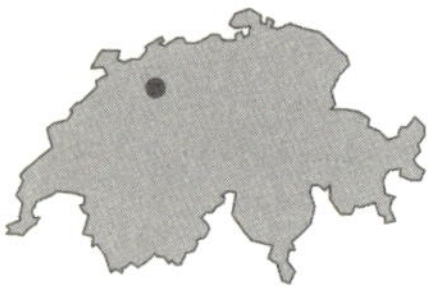

5000

Chambenflüe

Solothurn

1251 m ü.M.

0

Die *Chambenflüe* befinden sich auf der Jurakette des *Weissensteins* in der solothurnischen Gemeinde Günsberg. Das Grundwort *-flüe* steht im Plural und bezeichnet mehrere steil aufragende Felswände. Tatsächlich sind es hier mehrere Felszacken, die senkrecht aufstehen.

Diese aneinandergereihten Bergzacken wurden 1825 erstmals in einer Urkunde als *Kambenfluh* erwähnt und 1861 als *Kamben* aufgeführt. Der jüngere Beleg ist eine Ellipse, also eine Verkürzung des älteren Namens. Der Bergname *Chambenflüe* konnte sich aber neben *Chamben* bis heute halten; durch die Pluralisierung des Grundwortes *-flue* zu *-flüe* wurde die ursprüngliche Namengebung sogar noch verstärkt. Bereits im Mittelhochdeutschen findet sich das Wort *kambe, kamme* in der Bedeutung von festem Gestein im Bergmassiv, das hervorschiesst; es ist gleichbedeutend mit dem schmückenden Haarkamm oder dem Kamm eines Tieres. Auch der Bergnamenforscher Paul Zinsli definiert den Kamm so und verweist auf das Norwegische, wo *kamb* 'gezackter Bergrücken' heisst. Die Wurzel des Wortes liegt im germanischen **kamba-*, das so viel wie 'Zahnreihen' bedeutet.

Die Realprobe bestätigt, was das Mittelhochdeutsche Wörterbuch sagt: Eine Reihe aufragender gezackter Felsen erhebt sich über einem Hochplateau in der Jurakette. Sie sind vom Talboden aus sehr gut sichtbar und heben sich deutlich vom bewaldeten Bergrücken ab.

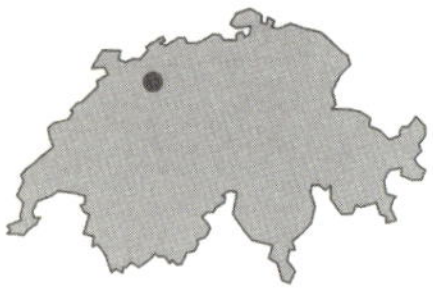

5000

Weissenstein Solothurn, Bergrücken

1395 m ü.M.

0

Auf dem Weg von Bern nach Solothurn fällt der imposante Jura-Bergrücken schon von weitem auf: der *Weissenstein*. Selbst für mich als Innerschweizerin war immer klar, dass Jurakalk weiss ist und der Berg deshalb so heisst. Die Realprobe zeigt aber, dass dieser Bergrücken dicht bewaldet ist und nur vereinzelt ein Felsband hervortritt.

Laut einem Aufsatz des Namenforschers Rolf Max Kully bezeichnet der Name *Weissenstein* vier Lokalitäten im Gebiet der Gemeinde Oberdorf (SO): das auf der Krete gelegene Kurhaus *Weissenstein*, das unmittelbar hinter dem Grat in einer Mulde verborgene Sennhaus *Vorderer Weissenstein*, den westlich davon an einem Hang gelegenen Berghof *Hinterer Weissenstein* und viertens den ganzen vom Kurhaus dominierten Bergrücken. Nur über dem Berghof *Hinterer Weissenstein* erhebt sich ein ganzes Band senkrechter Felsen, zuoberst von Föhren gekrönt. Von diesen Felsen kommt wohl auch der Bergname, denn Namen mit dem Grundwort *-stein* bezeichnen eine lotrechte Fläche, also eine Felswand. Interessant ist, dass das Bestimmungswort *Weissen-* in einem Dativ erstarrt ist, also auf einem Ortshinweis basiert wie z.B. *an* oder *auf dem weissen Stein*. Ein erstarrter Dativ deutet meist auf einen alten Namen hin, was ein Blick auf die Belege bestätigt. Der älteste Beleg stammt aus dem Jahr 1345 und beschreibt eine Grenze; es steht hier unter anderem: *und von dem Lebern an den Wissenstein och als der sne har abe smiltzet, und von dem Wissenstein die richtig uber gen Goldenuels ...*, 'und von dem [Bergrücken] *Lebern* an den *Weissenstein* auch so weit herab der Schnee schmilzt und vom *Weissenstein* in Richtung *Goldenfels*'. Dass der Bergname bereits so früh genannt wird, hat wirtschaftliche Gründe. Die Weiden auf dem *Weissenstein* waren

begehrt und befinden sich auf dem Grenzgebiet zwischen den Gemeinden Gänsbrunnen und Oberdorf.

Ein alpwirtschaftliches Motiv findet sich laut Kully in der Namengebung des höchsten Punktes des *Hinteren Weissensteins* wieder, dem *Dilitsch*. Zur Erklärung des Worts *Dilitsch* muss man wissen, dass sich das Gebiet in einer sogenannten sprachlichen Interferenzzone zwischen romanischem und alemannischem Sprachgut befindet. Die Spurensuche führt also ins Frankoprovenzalische zurück, das auch im Wallis bei Namendeutungen eine wichtige Rolle spielt. Rolf Max Kully suchte im Frankoprovenzalischen nach einer plausiblen Erklärung – und wurde fündig, wie die von ihm vorgeschlagene Deutung zeigt: Da die Gegend vor der alemannischen Einwanderung zum galloromanischen Sprachbereich gehörte und der zur Birs entwässerte Teil des Tals mit Welschenrohr und Gänsbrunnen erst im Verlauf des zweiten christlichen Jahrtausends germanisiert wurde, ging Kully von einer frankoprovenzalischen Form aus. Er legt frankoprovenzalisches **dilige, *delige, *délège* zugrunde, was sich im welschen Patois als *dəlèzə*, mit einer Zwischenstufe *dolaidge*, weiterentwickelte. Die appellativische Bedeutung des Wortes ist 'porte à claire-voie, faite de lattes ou de perches et barrant l'entrée d'un pâturage, d'un champ, d'un verger, d'un jardin, rarement d'une vigne', also 'Tor mit Lattenzaun, aus Latten oder Holzstangen gemacht, das den Eingang zu einer Weide, einem Ackerfeld, einer Obstbaumwiese oder einem Garten, weniger zum Weinberg, abschliesst'. Es entspricht somit semantisch genau dem deutschen Wort *Gatter*. Nun gleichen die *Dilitschfelsen* auch nicht entfernt einem *Gatter*, weshalb Kully die Verlagerung eines Flurnamens auf den Felsen vermutet. An der natürlichen Grenze zwischen den Gänsbrunner Schafbergen und den Oberdörfer Bergweiden des heutigen *Hinteren Weissensteins* befand sich zweifellos ein Weidegatter, das die beiden Hoheitsgebiete voneinander trennte und von den Frankoprovenzalen **dəlèzə* genannt wurde. Nach dem Übergang zur deutschen Sprache wurde das Wort, nun als Ortsbezeichnung, weiterverwendet. Und da man es nicht mehr verstand, konnte es ohne Schwierigkeiten auf einen darüberliegenden Felsen übertragen werden. Die lautliche Entwicklung muss folgendermassen verlaufen sein: Der Vokal der Hauptsilbe scheint mit sehr gespanntem langem */ē/* wie */é/* ausgesprochen worden zu sein, das in den Ohren der deutschen Nachbarn mit dem alemannischen */i/* zusammenfiel. Bei der Übernahme verlor die Lautverbindung */dz/* die Stimmhaftigkeit und wurde zu */tsch/*. Der unbetonte Murmelvokal der Vorsilbe wurde umgelautet, das heisst, er glich sich dem nachfolgenden */i:/* an. Nach einem bekannten Lautgesetz werden in der Gegend um den *Weissenstein* lange */i:/* vor */t/* und */t/*-Verbindungen unter Beibehaltung der gespannten Qualität gekürzt: *wiit > wit, Schwiiz > Schwiz* und eben auch *Diliitsch > Dilitsch.*

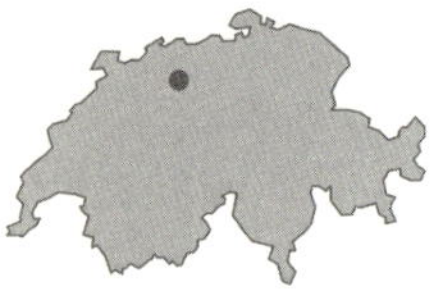

Belchenflue

Solothurn

1099 m ü.M.

Mit *Belchen* wird ein langer Bergrücken im Jura auf der Grenze zwischen den Kantonen Solothurn und Baselland bezeichnet. Der Gipfel ist die *Belchenflue*, die vor allem von Norden her gut sichtbar ist und das Gemeindegebiet von Eptingen begrenzt.

Um diesen Bergnamen und seine Bedeutung wird seit einiger Zeit mehr oder weniger heftig debattiert. Auf der einen Seite stehen die Namenforscher, welche eine eher simple Deutung propagieren, und auf der anderen Seite die Freunde des Mystischen, die in diesem Namen Spuren keltischer Vergangenheit sehen.

Mit dem Grundwort *-flue* wird eine Felswand bezeichnet, althochdeutsch *fluoh*, mittelhochdeutsch *vluo*. In vielen Bergdialekten ist das Wort *Flue* noch im Wortschatz lebendig. Die Felswand der *Belchenflue* inmitten der bewaldeten Juraerhebungen ist sehr auffällig und weit herum sichtbar. Der Bergrücken geht aber über die *Belchenflue* hinaus und wird nur mit *Belchen* bezeichnet.

Zur Keltentheorie: In Sichtweite gibt es noch vier Berge mit dem deutschen Bestimmungswort *Belchen*, frz. *Ballon:* den *Badischen Belchen* (Schwarzwald, D), den *Ballon d'Alsace* (Elsässer Belchen, F), den *Grand Ballon* (Grosser Belchen, F) und den *Petit Ballon* (Kleiner Belchen, F). Diese vier Berge stehen offenbar in einem bestimmten geometrischen Verhältnis, dem sogenannten

Belchendreieck, zueinander. So kann man beispielsweise auf dem *Ballon d'Alsace* an den Tagundnachtgleichen den Sonnenaufgang über dem *Badischen Belchen* beobachten und am Tag der Wintersonnenwende ist er von dort aus über der *Belchenflue* zu sehen. Die Anhänger der Keltentheorie gehen davon aus, dass der Bergname vom keltischen Sonnengott *Belenus* abgeleitet ist, der seinen Namen von der indogermanischen Wurzel **bhel* für 'glänzend, hell' hat.

Die Namenforscher hingegen vertreten die Meinung, der Bergname *Belchen* sei mit dem Vogel *Belchen*, dem Blesshuhn, verwandt, althochdeutsch *belihha, pelicha, pelcha,* mittelhochdeutsch *belche.* Es ist ein Wort, das nur im Deutschen vorkommt, aber sehr alt sein muss. Mundartlich sagt man auch *Böllenen* oder *Taucherli.* Das Schweizerdeutsche Wörterbuch führt einen Beleg aus dem Jahr 1557 auf, wo der Vogel auch *böllhinen, belchinen* oder *belch* genannt wird.

Unabhängig von der Frage, ob die Kelten diese Berge als Kultorte benutzt haben oder nicht, lässt sich feststellen, dass die *Belchenflue* von Norden her gesehen tatsächlich als heller Fleck in der bewaldeten Hügellandschaft des Schweizer Juras auffällt. Dass diese Blässe im dunklen Waldgebiet zur Namengebung beigetragen hat, ist gut möglich, denn heller Felsen ist ein häufiger Namenpate, besonders im Jura (man vergleiche zum Beispiel den *Weissenstein*). Natürlich ist diese Deutung niemals so spektakulär wie die Namengebung nach einer keltischen Gottheit. Doch auch wenn man für die *Belchenflue* nicht *Belenus* als Namengeber sieht, muss das ja nicht heissen, dass damit die Existenz der Kelten in diesem Siedlungsraum infrage gestellt wird.

Gridone

Tessin / Italien

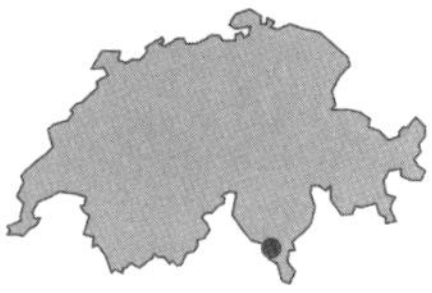

5000

2188 m ü.M.

0

Über den *Gridone* oberhalb von Brissago, den höchsten Berg am Lago Maggiore, verlaufen die Staatsgrenzen zwischen Italien und der Schweiz. Auch die Italiener haben einen Namen für ihn: *Monte Limidario*, 'Grenzberg'. In diesem Namen enthalten ist noch das lateinische *limes* für 'Grenze'.

Vom *Gridone* finden wir auch die Variante *Ghiridone* aus dem Jahr 1837, die auf einigen Karten jener Zeit eingetragen ist. Dieser Name scheint aber nicht umgangssprachlich zu sein, wie Giuseppe Brenna im SAC-Führer der Tessiner Ostalpen schreibt. Als weitere Varianten werden *Cridone* (1813) erwähnt und, auf der sardischen Landeskarte aus dem Jahr 1857, der Name *Roccie di Gredone*, der den westlichen Teil des langen felsigen Grates zwischen dem Val Cannobina und dem Centovalli bezeichnet.

Karl Viktor von Bonstetten, der mehrmals Italien bereiste und von 1795 bis 1797 Syndikator, Oberaufseher, des Tessins war, erwähnte in seinen Schriften: «In der Gegend von Gridone (Val Vigezzo), nicht weit von der Grenze, wird Eisenerz gefördert» (1800). Und in den Urkunden betreffend die Festsetzung der Staatsgrenzen im Jahr 1846 finden wir die Erwähnung *l'Alpe Gridone del comune di Re*, 'die Alp *Gridone* in der Gemeinde Re' (1926). Diese beiden Belege lassen vermuten, dass der Name ursprünglich nicht den Gipfel bezeichnet hat. Die Örtlichkeit der im Beleg von 1926 erwähnten *Alpe Gridone* entspricht der heutigen *alpe l'Alpino*, am Fusse des Grates der *Rocce del Gridone* unter dem nördlichen Abhang, etwa einen Kilometer von der Staatsgrenze entfernt. Auch die Beschreibungen von Bonstetten bestätigen die verhältnismässig einfache Erreichbarkeit der Alp. Es handelt sich also um einen Alpnamen, der auf den Gipfel gewandert ist.

Die Deutung des Bergnamens ist sehr unsicher. Als verwandt erwähnt werden kann der Flurname ***Grida***, mit seiner historisch belegten Form ***Gyreida*** (1368), in der Gegend von Passugg (Graubünden), für den der rätische Namenforscher Andrea Schorta leider keinen Deutungsvorschlag hat. Verwandt scheint auch der Flurname ***Gridora*** bei Ascona, der in der Kartei von Sprachforscher Mario Gualzata enthalten ist. Die Erklärung des Bergnamens ***Gridone*** wird auf der Basis von lateinisch ***gradus***, 'Treppenstufe', gesucht. Hergeleitetes ****Gradon*** würde dabei zugrunde liegen.

Es gibt aber eine Legende, die für den Namen eine Erklärung hat: Zwischen Losone und Golino herrschten Grenzstreitigkeiten. Um diese zu klären, entschloss man sich, die ältesten Einwohner der beiden Dörfer auszuwählen, je den Klügsten und Ehrlichsten, die als Richter walten sollten. Vom Alten aus Losone erzählt man sich, er habe sich Erde aus seinem Dorf in die Schuhe getan. Danach sei er von Losone losgezogen in Richtung Golino. Immer wieder wiederholte er: «Die Erde, die ich betrete, gehört zu meinem Dorf.» Damit log er ja nicht, denn er hatte sich Erde aus seinem Heimatdorf in die Schuhe gestopft. Und so trottete er weiter bis zum Riale, einem Wildbach, der nun Losone und Golino trennt. Mit dieser List brachte er seinen Gegner um einen Teil des Gebietes, Terrasca genannt, das eigentlich zu Golino gehören würde. Einige Zeit später starb der Alte. Als Strafe für die begangene Tat schweift seither seine Seele über das Gebiet Terrasca und flösst Menschen und Tieren Angst ein. Und seither will niemand mehr auf Terrasca hoch, selbst Ziegen und Kühe laufen davon, wenn sie dort auf die Alp gehen sollten. Seither ist dieses Gebiet dem Teufel geweiht, und die verdammte Seele beschwört die Klippe und den Steilhang von Gridone noch heute ab und zu mit einem jämmerlichen Johlen und Schreien. Dieses Heulen hört man oft, vor allem in Cavigliano, am Südufer des Sees, dem ***Gridone*** gegenüber. Und die Menschen fragen sich, ob es ein natürlicher Widerhall ist – oder die Seele des Alten ***che si sente di tanto in tanto gridare?*** Die also von Zeit zu Zeit schreien muss? Dieses ***gridare***, 'schreien', soll der Legende nach dem Berg seinen Namen gegeben haben.

Le Chasseron Waadt

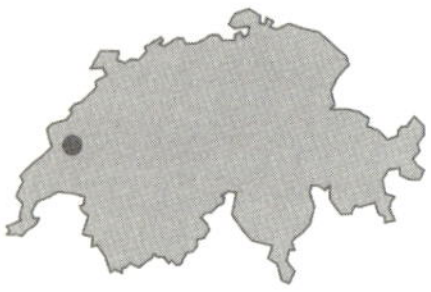

5000

1607 m ü.M.

0

Der *Chasseron* ist der dominierende Gipfel der waadtländischen Region um Ste-Croix und hat auf den ersten Blick nichts Aussergewöhnliches an sich. Schon viele Linguisten haben sich an diesem Bergnamen versucht, doch erst Wulf Müller, der renommierte Romanist und Namenforscher, brachte die Lösung.

Die Grenzziehung über den *Chasseron* war während Jahrhunderten Zankapfel zwischen den Herren von Chillon und der Grafschaft Neuenburg. Aus diesem Grund findet man bereits mittelalterliche Belege für den *Chasseron,* allerdings auch solche, die als zweite Bezeichnung für den Berg gedeutet wurden. Henri Jaccard behauptete in seinem umfangreichen Namenbuch aus dem Jahr 1906, dass *Roches Blanches* der alte Name für den *Chasseron* sei. Wulf Müller fand aber aufgrund eines Gerichtsprotokolls betreffend Grenzstreitigkeiten heraus, dass sich dieser Name auf eine parallel zum Chasseron-Massiv verlaufende Krete oberhalb des Vallon de Noirvaux bezieht. In diesem Beleg aus dem Jahr 1388 sagt ein Zeuge dabei aus: *qu'il fut a une journee que se teint sur Chasseron ..., qu'ilz avoient debat des oiseaulx au'ilz hayrievent en la blanche Roche,* 'bei Vertragsverhandlungen betreffend den *Chasseron* haben sie über die Greifvögel diskutiert, die an der *Roche Blanche* nisten'. Im Jahr 1519 ist die Bezeichnung *Ruppes alba* belegt, die als Flurname für eine Gegend nordöstlich des Gipfels identifiziert werden kann. Im Jahr 1581 spricht man in den Urkunden von *la Roche-Blanche sur Noirvaux.* Heute ist diese Benennung kaum mehr bekannt.

Laut Victor Bourgeois ist *Sécheron* der alte Name des *Chasseron* und die heutige Form eine Ableitung davon. Schon der Genfer Henri Mallet trug im Jahr 1781 die Namen *le Chasseron*

ou Sucheron auf seiner Karte ein. Paul Aebischer hielt die beiden Namen für phonetisch unabhängig; der eine Name könne nicht vom anderen abstammen. Der älteste Beleg für *Sécheron* stammt aus dem Jahr 1519: *Item en Secheron.* Weiter eine Auswahl der Belege: *au Secheron, Rocher de Secheron* (1712) *Mont Secheron* (1728), *le Chasseron ou Sucheron* (1781), *Chasseron, et plus communément Suchairon, Sucheron* (1824), *Chasseron ou Sucheron* (1867). Heute ist der Name *Sécheron* in der Region unbekannt. Es scheint sich dabei tatsächlich um einen Flurnamen zu handeln, der mit unserem Bergnamen jedoch nichts zu tun hat. Die Etymologie von *Sécheron* ist einfach zu erklären: So wird ein trockener, der Sonne ausgesetzter Ort bezeichnet. Im Französischen des 16. bis 19. Jahrhunderts wurde der Name im aktiven Wortschatz für eine 'Weide neben einem trockenen Ort' benutzt. In einigen französischen Dialekten ist dieser Appellativ noch heute erhalten, nicht aber in den Schweizer Patois.

Es gab allerdings einen Zweitnamen für den *Chasseron*, der aber wieder verschwunden ist. Die Menschen aus Ste-Croix nannten den Berg um 1430 *Grant Mireour*, und dieser Name kann später noch einmal belegt werden: *loco dicto ou Mirioux alias en Chisseron* (1529/31). Dieser Bergname ist eine Ableitung von *miroir*, 'Spiegel', womit früher schöne Aussichtspunkte bezeichnet wurden. Dieses Wort kommt in Flurnamen der welschen Schweiz häufig vor und bedeutet in etwa 'Schau-ins-Land'. Aber auch dieser Name für den *Chasseron* ist fast verschwunden; Wulf Müller konnte gerade noch eine Person finden, die diesen Namen kennt.

Zur Deutung unseres Bergnamens hat Müller in der Festschrift zu Kurt Baldingers 60. Geburtstag einen Aufsatz veröffentlicht, laut dem *Chasseron* eine Ableitung vom französischen Verb *chasser*, 'jagen', ist. Der Berg erhielt seinen Namen wie der Chasseral im Hochmittelalter zu einer Zeit, als die Jagd noch ein wichtiges und beliebtes Recht war. Und dies zu einer Zeit, bevor die Gipfelregion zur Gewinnung von Weideland abgeholzt wurde. Denn für die Jagd braucht es Wild, und Wild braucht Wald, wo es sich verstecken kann. Das Suffix scheint eine Verkleinerungsform auszudrücken, da es sich um ein geografisch eng begrenztes 'Jagdgebiet' handelte.

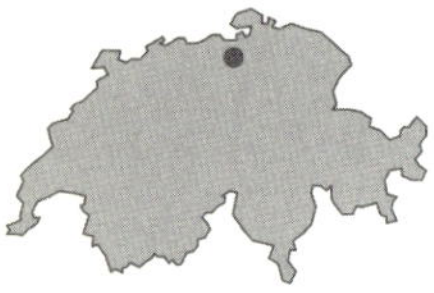

5000

866 m ü. M.

0

Lägeren

Zürich / Aargau

Zum mundartlich als *d Lägere* ausgesprochenen Namen sagt uns das Schweizerdeutsche Wörterbuch, dass damit in der Umgangssprache eine 'horizontale Schichtung' bezeichnet wird. Zudem wird unser Berg nach «der entsprechenden Struktur des Jurakalks benannt», wie darin weiter zu lesen ist.

In den alten Belegen finden wir den Bergnamen vor allem als Maskulinum: *Ob dem Legner* (1335), *Den berg, so man nempt den legerer an Weniger steig* (1489), *In Legeren* (1653), *Zum Lägre* (1844). Zudem existiert als Namengleichung desselben Ursprungs die *Lägreten*, eine Anhöhe bei Rheinfelden mit Mergellagern und Leberfels (der seinen Namen der ockerfarbenen Gesteinsschicht verdankt). Das Idiotikon vermutet als Grund für das in den Belegen vorhandene männliche Geschlecht eine gedankliche Ergänzung mit 'Berg'. Die Nachsilbe *-ere* sagt uns, dass etwas häufig Vorkommendes im Namen genannt wird, hier also die gut sichtbaren Gesteinsschichten.

Die Gesteinsschichten sind nicht nur Bergnamengeber, sondern prägen das Gebiet um die *Lägeren* sowohl in kultureller als auch in wirtschaftlicher Hinsicht weitgehend. Dieser östlichste Ausläufer der Jurakette offenbart sich als geologische, prähistorische und historische Wundertüte. Die *Lägeren* ist für Fossilien bekannt, die sich in den tonhaltigen Kalkschichten, den sogenannten Baden-Schichten, befinden. Dieser ehemalige

Meeresboden tritt auf der *Lägeren* hervor und enthält viele relativ einfach zu findende Fossilien, vor allem Ammoniten (schneckenförmige Versteinerungen).

In Baden trifft man aber auch auf Spuren der letzten Eiszeit. So findet sich im Kopfsteinpflaster der Kronengasse allerlei Gestein, das einen weiten Weg zurückgelegt hat. Nicht etwa auf dem Lastwagen, sondern bequem (aber zeitraubender) auf dem Gletscher. Denn das Kopfsteinpflaster wurde aus Geschiebe der nahen Limmat hergestellt, worin man grosse Mengen an auswärtigen Gesteinssorten findet. Wie zum Beispiel ein Stück Dialag-Gabbro, der laut dem Geo-Pfad-Führer der Stadt Baden nur in einem relativ kleinen Gebiet in der Nähe des Julierpasses vorkommt. «Er dürfte während der Eiszeit auf dem Rhein-Linth-Gletscher bis nach Killwangen transportiert und anschliessend von der Limmat nach Baden verfrachtet worden sein», steht dazu im Geo-Pfad-Führer.

Neueste Grabungen haben sogar ein Feuerstein-Bergwerk an der *Lägeren* zutage gebracht. Silex, wie Feuerstein auch genannt wird, tritt in Form von unregelmässigen Knollen auf und ist vom Material her dem Quarz ähnlich. Wenn von der Silexknolle Teile abgeschlagen werden, kommt die glasartige Struktur des Feuersteins zum Vorschein, die ihn zu einem scharfen Arbeitsgerät macht.

Historisch gibt es noch die hochmittelalterliche Burgruine Alt-Lägern auf dem *Lägerengrat* zu erkunden. Bei Ausgrabungen wurden übrigens Pfeil- und Armbrustspitzen, verzierte Metallbeschläge und Reste von Tongefässen gefunden. Die Auswertung des reichhaltigen Fundmaterials ergab, dass die Burg zu Anfang des 12. Jahrhunderts erbaut und gegen 100 Jahre später bereits wieder verlassen wurde. Bis in die Neuzeit hinein wurde am Nordhang der *Lägeren* Gips abgebaut. Die Gipsgrube wurde im Jahr 1901 geschlossen. Und seit 130 Jahren werden im Gebiet Regensberg–Steinmaur–Dielsdorf im Lägeren-Steinbruch Kalksteine abgebaut.

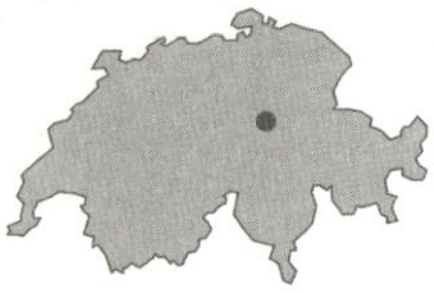

5000

Bachtel Zürich

1115 m ü.M.

0

Der *Bachtel* liegt im Zürcher Oberland zwischen Wald und Hinwil und ist wegen des Sendeturms von weither gut erkennbar. Der Berg erhebt sich wie ein Kegel und ist bis zuoberst auf *Bachtel-Kulm* bewaldet.

Den ältesten bisher bekannten Beleg für den Bergnamen finden wir auf Hans Conrad Gygers Kartengemälde des Gebietes von Zürich (1664/67), wo er als *Bachtalberg* eingezeichnet ist. Es handelt sich hier um einen Flurnamen, der auf den Berg hinaufgewandert ist. Im Gegensatz zu den Hochalpen ist dieser Vorgang im Unterland anschaulicher nachvollziehbar, denn wir finden in der unmittelbaren Umgebung des *Bachtels* immerhin fünf Flurnamen und im Kantonsgebiet von Zürich rund ein Dutzend Flurnamen mit dem Wort *Bachtel.*

Der Bergname *Bachtel* ist eine Ellipse, also das Überbleibsel eines ursprünglich längeren Namens, wie uns auch der Beleg von Hans Conrad Gyger, *Bachtalberg*, bestätigt. Das Grundwort *-berg* bezeichnet die oberste Höhenlage, die man noch bewirtschaften kann. Auch wenn wir uns hier nicht in den Alpen befinden, ist die Bezeichnung mit diesem Grundwort beim *Bachtalberg* durchaus sinnvoll. Denn für die Bewohner des Umlandes ist der *Bachtel* mit seiner grossen Waldfläche und den Weiden die höchste mögliche Bewirtschaftungslage.

Mit *Bachtal* wurde laut Schweizerdeutschem Wörterbuch im Gebiet des Zürcher Oberlandes ein Bachbett bezeichnet, das nicht sehr tief ist. An einigen Orten nannte man so auch das kleine Tälchen in einem Wald, das durch heftigen Regen zu einem ansehnlichen Bach anschwellen konnte, ein Phänomen, das vor allem in den Buchenwäldern des Mittellandes zu beobachten ist. Mit *-tal* war in diesem Fall nicht ein Tal oder eine Talschaft in der herkömmlichen Bedeutung gemeint, sondern die 'Delle', mundartlich *Tuele*. Der Name ist nicht zu verwechseln mit *Bachtalen* oder *Bachtelen*, was für einen mit Schutt und Geschiebe dauernd verstellten Bach steht und wozu es auch das Verb *verbachtelen* gibt.

Der Kartograf und Mathematiker Hans Conrad Gyger (1599–1674) war für die Zürcher ein wichtiger Vermittler, der offenbar durch seine Persönlichkeit viel zu friedlichen Grenzziehungen beitrug. Neben der Erstellung des grossen Kartengemäldes des Gebietes von Zürich, des sogenannten Gygerplans, und Karten von Truppensammlungsplätzen und ihren Einzugsgebieten war Gyger während 20 Jahren im Auftrag des Rates der Stadt Zürich mit Grenzbereinigungen und deren Kartierung sowie mit Marchbeschreibungen beschäftigt. In der frühen Neuzeit wuchs die Bevölkerungszahl stark an und der nutzbare Boden wurde knapp; dies machte es erforderlich, die Gemeindegrenzen genauer festzulegen. Es war auch die Zeit, da in den Alpen dauerhafte Siedlungen in immer höhere Lagen verlegt wurden, um eigenen nutzbaren Boden zu besitzen. Dass Gyger als Protestant in der Zeit der europäischen Glaubenskriege den Auftrag erhielt, für das katholische Kloster Wettingen das Besitzgebiet zu kartieren, spricht für den grossen Respekt, den er sich erarbeitet hatte. Dies gelang ihm vor allem mit seiner Vorgehensweise und Sachlichkeit: Bevor er sich mit den Streitparteien traf, zeichnete er vorab einen Plan des umstrittenen Gebiets, ohne Grenzen einzuzeichnen. Beim Treffen mit den betroffenen Parteien hörte er sich zuerst die vorgeschlagenen Grenzverläufe an und zeichnete sie erst dann ein. Damit signalisierte er Unabhängigkeit und Unvoreingenommenheit. Seine wegweisenden Arbeiten sind als Faksimiles erhalten und können im Staatsarchiv Zürich angeschaut werden.

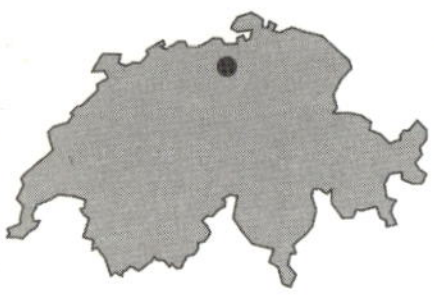

5000

1133 m ü.M.

0

Hörnli Zürich

Das *Hörnli* im Kanton Zürich ist ein Berg mit ausgedehnten Weiden und Wald, der in Staatsbesitz ist. Auf seinem Höhenzug treffen die drei Kantone Thurgau, St. Gallen und Zürich aufeinander, und der sogenannte Schwabenweg als Teil des schweizerischen Jakobswegnetzes führt darüber. Von der Sternenegg aus gesehen ist das *Hörnli* «primus inter pares»: Es ist einer von vielen rundlichen Bergrücken im wunderbar stressfreien Gebiet von Fischenthal. Würde es keinen Sendeturm auf der Spitze tragen, wäre es noch schwieriger zu identifizieren.

Auffallend ist, dass der Flurname *Hörnli* vor allem im Gebiet Zürich, Thurgau, St. Gallen, Schaffhausen und Glarus, also in der Nordostschweiz, weit verbreitet ist. Und dass nicht alle *Hörnli*-Namen etwas mit einer Geländeerhebung zu tun haben. Das hat auch Josef Leopold Brandstetter bemerkt. Er schreibt in der Ausgabe des «Geschichtsfreunds» aus dem Jahr 1889, dass mit *Hörnli* «ein Vorgebirge oder eine Landspitze, die sich weit ins Wasser zieht», benannt wird. Und dass «sehr oft auch eine mehr oder minder steile bewohnte Halde den Namen 'Horn' oder 'Hörnli' trägt. Diese Orte betrachte ich ebenfalls als Hochwachtspunkte, die dazu dienten, um mit einem Horne Signale zu geben.»

Die Bergform unseres *Hörnli* ist nicht mit einem alpinen *Hörnli/Höreli* zu vergleichen, auch wenn es sich um eine stattliche Erhebung handelt. In den Alpen besteht ein *Höreli* meist aus nacktem Fels und hat auch eine entsprechend eindeutige Form.

Unser *Hörnli* ist bereits im Jahr 1315 im Thurgauischen Urkundenbuch zum ersten Mal erwähnt, wie im Thurgauer Namenbuch nachzulesen ist: *gen ainen perg, der haisset das Hornlain.* In

einem Lehenbuch aus dem Jahr 1800 findet sich der Beleg *Hörndlj*. Sprachhistorisch sind diese beiden Belege interessant, weil der erste, mittelalterliche und damit mittelhochdeutsche Name eine Schreibweise mit dem deutschen Verkleinerungssuffix *-lain*, '-lein', aufweist und der jüngere Beleg das schweizerdeutsche Verkleinerungssuffix *-li* hat. Ebenfalls wird im jüngeren Beleg sichtbar, dass der Konsonant */d/* in der heutigen Schreibweise verchwunden ist. Zudem sehen wir den durch das /i/ erwirkten Umlaut */ö/* – aus *Hornlain* wurde *Hörnli*.

Der Jakobsweg führt ebenfalls über das *Hörnli*, und zwar die Teilstrecke Konstanz – Einsiedeln, die als Schwabenweg bezeichnet wird. Zu den Blütezeiten des Pilgerfahrens war Konstanz eines der Einfallstore ins Schweizer Wegnetz. In Konstanz trafen sich die Pilger aus Nordeuropa und dem Schwabenland, um über das *Hörnli* weiter nach Einsiedeln zu pilgern. Die vielen Schwaben, die über diesen Weg nach Süden gelangten, gaben dem Wegabschnitt seinen Namen. Auch der Chronist Johannes Stumpf erwähnte in seiner «Illustrierten topografischen und historischen Chronik der Eidgenossenschaft» aus dem Jahr 1548 das zürcherische Steg am Fusse des *Hörnli* als Etappenort der Pilger: *Under dem hürnly, als die strass hinübergat us dem Turgow in das Vischenthal und Zürichgow ist ein herberg und niederlag genannt am Stag.*

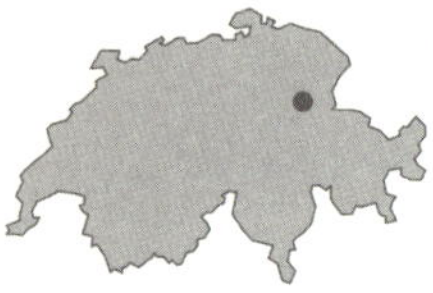

Hoher Kasten

Appenzell Innerhoden

5000

1795 m ü. M.

0

Ein Möbel war in früherer Zeit sehr beliebt und fand in verschiedenen Lebensbereichen seine spezifische Anwendung – der Kasten. Es gab Pappkasten, Eisenkasten (für Geld), Steinkasten (an Brunnen), Schmetterlingskasten, Zettelkasten, Briefkasten, Gewandkasten (Schrank), die hauptsächlich im Hauswesen als Behälter dienten. In der Küche fand man weitere Kastentypen, von Mehlkasten über Kornkasten bis zum Brotkasten. Überall gab es Kasten. Auch gewisse Gebäude wurden und werden noch heute als alte Kasten bezeichnet, und Luther nannte die Arche Noah in seiner Bibelübersetzung einen Kasten.

Laut Stefan Sondereggers «Der Alpstein im Lichte der Bergnamengebung» stammt der älteste Beleg unseres Bergnamens von Pater Clemens Geiger aus dem Jahr 1716 und lautet einfach *Kasten*. Und eigentlich könnte ja alles klar sein: Der Name entspricht der Form des allseits beliebten Kastens, und zwar auf den Kopf gestellt. Weil kopfstehende Dinge in der Alpenwelt gerne für Bergnamen verwendet wurden, könnte das hier auch der Fall sein – wenn da nicht im Wörterbuch der Brüder Jacob und Wilhelm Grimm aus dem Jahr 1854 unter dem Stichwort *Kasten* bei der letzten Ziffer «Noch einige Verwendungen, in denen kasten andern ursprungs sein kann oder ist» aufgeführt wären. Da steht, dass in den bayrischen und oberösterreichischen Alpen mit *kästen, kästeln*, 'schroffe felsen, felsichte absätze', bezeichnet werden. Und dass «in Appenzell ein berg *Kasten* ist, der *hohe Kasten*» genannt werde. Zitiert wird dabei eine Urkunde aus dem Jahr 1460: *die Ach oder Goldach gegen der fluoh die man nempt 'an dem kasten'*. Zuallerletzt wird noch darauf verwiesen, dass isländisch *kast* 'Felsenvorsprung' heisst und das Wort mit dem Begriff *Kar* verwandt ist.

Die grimmsche Bemerkung mit der isländischen Bedeutungsgleichung ist hochinteressant. Das bedeutet nämlich, dass wir es hier mit einem vordeutschen Begriff zu tun haben. Und der Blick ins Herkunftswörterbuch bestätigt diese Vermutung.

Unter dem Stichwort *Kar* für 'Gebirgskessel' wird eine frühe Weiterbildung von germanisch **kaza-*, 'Gefäss', vermutet, das auch im Gotischen als *kas* vorkommt und sich im Altnordischen zu *ker* weiterentwickelte, das im Altsächsischen als Appellativ *bī-kar*, 'Bienenkorb', existierte. Und weil sich entsprechende Wortformen auch in den ausserindogermanischen Sprachen finden, handelt es sich vielleicht um ein Wanderwort, das von viel weiter her kommt. Dazu gibt es verschiedene Beispiele: assyrisch *kâsu*, 'Schale', arabisch *ka's*, aramäisch *kāsā*, hebräisch *kos*, 'Becher'.

Doch die Bedeutung geht laut grimmschem Wörterbuch in den Alpen noch weiter. Unter dem Stichwort *Kar* steht, dass damit in den bayrischen Alpen 'thalähnliche, zur weide benutzbare vertiefungen im felsgebirge' benannt werden. Im Tiroler Dialekt wurde 'der nächste Platz um die Almhütte' so genannt, der Begriff aber auch im Sinne von 'Bergscheitel' benutzt. Und weiter wird laut Grimm «das alpenwort, das auch in vielen namen von bergen, gletschern und bergtheilen daselbst auftritt, ... kar oder karre verschiedentlich kahler fels, oder groszes felsstück in einem brachboden, oder eine strecke voll klippen mit etwas grün dazwischen» genannt. Als Namenbeispiele werden *Karwendel* (D, A), *Gamskarkogel* (A), *Tischlkar* (A) und *Eiskar* (A, I) vorgebracht.

Erwähnenswert ist vielleicht noch dies: Ebenfalls gemäss den Brüdern Grimm nannte man aufgeschichtetes Brennholz *Kasten*. In Bayern war *Kasten* sogar ein Mass für Brennholz, das neben unserem Klafter eine weitere Masseinheit bildete. Weiter gibt es im Tiroler Dialekt das Verb *kasteln, aufkasteln*, 'Scheite ordentlich aufschichten', das offenbar auch auf andere Dinge angewandt wurde. Auch in schwedischen Dialekten benutzt man *Kast*; bezeichnet wird damit nach Grimm ein 'aufgesetzter haufe besonders von holz' sowie der *'Misthaufen'*. Im Muotatal gibt es einen Berg, der Misthaufen genannt wird (und übrigens der obersten Felspartie des *Hohen Kastens* ähnlich sieht); dieses Motiv wurde also ebenfalls zur Bergnamengbung herangezogen.

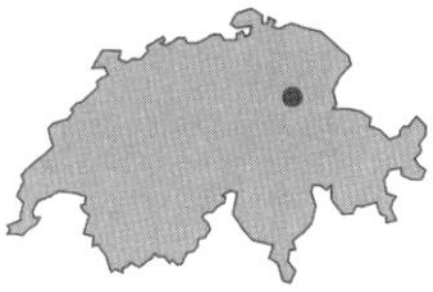

5000

Kronberg Appenzell Innerhoden

1663 m ü.M.

0

Der *Kronberg* ist ein dem *Säntis* vorgelagerter Bergrücken und bietet einen schönen Ausblick über das Appenzellerland. *Kronberg* gehört zu den Bergnamen, die von einem Alpnamen stammen, der mit der Zeit auf den Berggipfel hinaufgewandert ist, oder in diesem Falle eher auf den Bergrücken.

Wie alle *Alpstein*-Namen ist auch der *Kronberg* schon früh schriftlich belegt, was für die Namendeutung wichtig ist. Mundartlich *Chroberg* ausgesprochen, hat der Bergrücken absolut nichts mit einer Krone oder einer Herrschaftlichkeit zu tun, wie Stefan Sonderegger in seinem Büchlein über den Alpstein schreibt.

Bereits im 9. Jahrhundert erscheint in Notkers des Dichters Bearbeitung der Gallus-Vita der *Kronberg* als *Chraunperch*. Ein weiterer Beleg aus dem Jahr 1071 nennt ihn *Chranperche*. Damit hat uns Notker eine Rarität hinterlassen: die althochdeutsche Form eines Bergnamens. Laut Sonderegger hat hier ein Tiername dem Berg den Namen gegeben, er stellt ihn zu althochdeutsch *chra-a*, 'Krähe'. Benennungsmotiv ist das häufige Vorkommen von Nebelkrähen und Alpendohlen. Sonderegger erwähnt einen Aufsatz aus dem Jahr 1877 in den Appenzellischen Jahrbüchern, worin bereits auf dieses Vorkommen aufmerksam gemacht wird.

Anzuführen ist hier auch die Alpweide *Orlehan* im Weissbachtal, die ihren Namen vom Auerhahn, schweizerdeutsch

Orlihan, hat. Und Gabriel Walser macht in seiner Neuen Appenzeller Chronik von 1740 ausdrücklich auf das Vorkommen von *Urhanen*, 'Auerhähnen', im *Kronberg*gebiet aufmerksam.

Ein ähnliches Beispiel aus dem Kanton Schwyz zeigt, dass sich hinter einem scheinbar glasklaren Benennungsmotiv etwas anderes verstecken kann. Die *Fallenflue* im Gebiet der Ibergeregg ist vom Talkessel Schwyz aus gut sichtbar und mit ihren schroffen, senkrecht abfallenden Wänden ein respektabler Berg. Man könnte aus dem Grundwort *-flue*, mit dem eine steile Felswand bezeichnet wird, vermuten, dass die senkrecht abfallenden Wände oder heruntergefallenes Vieh den Namen gegeben haben könnten. Aber weit gefehlt – es ist der Falke. Der älteste Beleg aus dem Jahr 1567 bringt es ans Tageslicht: *vff der Falchenflu*. Das mittelhochdeutsche Wort *Falche* entspricht dem neuhochdeutschen 'Falke'. Es handelt sich also beim *Kronberg* wie auch bei der *Fallenflue* um volksetymologische Umdeutungen.

Säntis

Appenzell Ausserrhoden / Appenzell Innerrhoden / St. Gallen

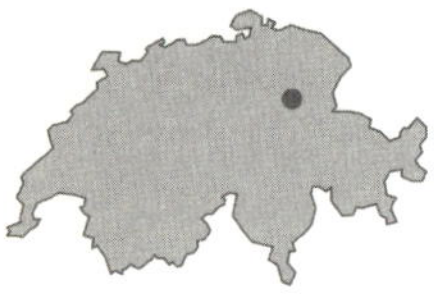

5000

2501 m ü.M.

0

Der Name *Säntis* hat romanische Vorfahren, wie es in der Ostschweiz als Interferenzgebiet von romanischer und deutscher Sprache oft der Fall ist. Der herausragende Berg ist von weitherum und besonders von Norden her gut sichtbar und hat für Bergnamenverhältnisse vielleicht nicht zuletzt deshalb einen sehr alten Namen.

Die erste Nennung des *Säntis* als Gebirgszug findet sich im Jahr 850 als *iugum Sambutinum* ('das Sambutinische Joch, das Säntisgebirge') in einem Brief Ermenrichs von Ellwangen an Abt Grimald von St. Gallen. In einer Urkunde von 868 finden wir einen nächsten Beleg: *in monte situm, qui dicitur Sambiti*, 'am Berg gelegen, der *Sambitus* heisst'. Und noch ein Beleg aus dem Jahr 1155: *ad alpem Sambatinam*, 'auf der Alp Sambatin'. Auch hier liegt dem Gipfel offenbar ein Alpname zugrunde, der wiederum nach einem romanischen Personennamen *Sambatinus*, *Sambutinus*, 'der am Samstag Geborene', benannt wurde. Dieser Personenname ist spätantik und frühmittelalterlich aus Inschriften, Mönchslisten und Verbrüderungsverzeichnissen besonders aus dem romanischen Sprachgebiet bekannt.

Auf einer Zeichnung vom Alpstein von Gabriel Walser aus dem Jahr 1740 finden wir noch die Bezeichnung *Der hohe Säntis oder Mesmer*. Entweder hat sich Walser hier getäuscht oder der *Säntis* hatte tatsächlich zwei Namen, von denen einer dann auf einen vorgelagerten Berggipfel wanderte, welcher heute noch *Mesmer* heisst.

Auch der Bergname *Mesmer* stammt von der darunterliegenden Alp. Sie ist im Jahr 1500 das erste Mal genannt (*jn mesmer*) und steht, wie Sonderegger vermutet, im Zusammenhang mit der Ausstattung des Mesmeramtes, also des Kirchendieners, in Appenzell.

Aus dem romanischen Personennamen hat sich eine deutsche Namenform *Semptis, Sämptis* (seit dem 14./15. Jahrhundert) weiter zu *Sämtis, Säntis* (seit dem 16. Jahrhundert) entwickelt. Und zwar handelt es sich hier um eine genitivische Ellipse: Der ursprünglich im Genitiv stehende Name **Sambutines* gab ein Besitzverhältnis an (des **Sambutines* Alp). 'Alp' ist weggefallen und der Personenname wurde gekürzt; diese Verkürzung nennt man eine Ellipse. Wie Sonderegger schreibt, darf aus diesen Überlegungen auf einen frühmittelalterlichen Alpbesitz eines *Sambutin, Sambatin* geschlossen werden, dessen Name sich nicht nur in den Alpen *Sämtis* (AI, Bezirk Rüte) und *Säntis* (am Nordfuss des Gebirges, Kanton St. Gallen) erhalten hat, sondern auch auf das ganze Bergmassiv bzw. auf dessen höchste Erhebung (*Säntis,* älter auch *Hohen Säntis*) übertragen wurde.

Nicht nur wegen seines Alters gehört der *Säntis* zu den Exoten in der Bergnamenfamilie; auch sein Gletscher, der *Blau Schnee*, ist offenbar aussergewöhnlich. Der *Blau Schnee* ist nämlich in den letzten hundert Jahren vorgestossen. In seinen Untersuchungen hat der Trogener Geograf und Mittelschullehrer Hans Aeschlimann herausgefunden, dass der *Blau Schnee* in den 70er Jahren des letzten Jahrhunderts gewachsen ist und dass er heute immer noch grösser ist als um das Jahr 1950. Anhand von Wanderwegmarkierungen, die im Hitzesommer des Jahres 2003 vom Gletscher freigegeben wurden, machte sich Aeschlimann auf die Suche nach einem alten Weg und fand schliesslich heraus, dass es diesen Weg tatsächlich gab und dass er in den 1970er Jahren noch begehbar war, durch den Gletschervorstoss aber unpassierbar wurde. Auch die Wettermessdaten der *Säntis*-Station stützen seine These. Seit dem Hitzesommer 2003 schmilzt der *Blau Schnee*, der seinen Namen wohl von der blauen Erscheinung des Gletschereises hat, wieder und wird wohl bald das Niveau von 1950 erreicht haben.

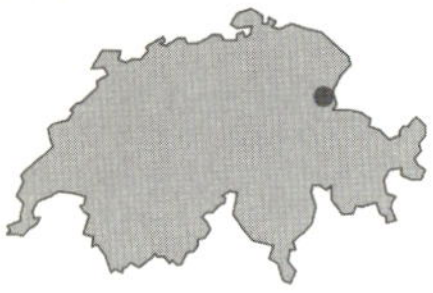

5000

2343 m ü.M.

0

Alvier St. Gallen

Der *Alvier* steht hoch über dem Sarganserland und hat schon etliche Namenforscher ins Trudeln gebracht. Doch sie lassen sich nicht entmutigen und arbeiten noch heute daran, die ursprüngliche Bedeutung zu finden. Nebst dem *Alvier* gibt es einen *Chli Alvier,* eine Bergkuppe nordwestlich des Berggipfels, und einen Wieshang am südlichen Buchser Berg mit dem Namen *bim Alvier,* an der Gemeindegrenze zu Buchs. Auf dem Alvier-Gipfel treffen die Gemeinden Sevelen, Wartau und Walenstadt aufeinander.

Die am weitesten verbreitete Deutung liess den Bergnamen mit lateinisch ***albus***, rätoromanisch ***alv***, 'weiss', zusammenhängen. Doch schon bald ist man davon abgekommen, weil der ***Alvier*** diesbezüglich keine Auffälligkeit hat. Er ist weder weisser als die andern, noch ist er länger, geschweige denn das ganze Jahr über mit Schnee bedeckt.

Laut dem St. Galler Namenbuch hat der *Alvier* einen Namensverwandten – aber nicht etwa einen Berg, sondern einen Fluss, den *Alvier-Bach* bei Bürs im Vorarlberg. Der älteste Beleg für seinen Namen stammt aus dem Jahr 1347 und lautet auf *Vallawier.* Dies hat den österreichischen Namenforscher Guntram Plangg dazu bewogen, **aquale apertu* als Ausgangsform vorzuschlagen. Laut einer anderen Variante könnte eine Grundform **vallis aquaria* zugrunde liegen, was so viel wie 'Wassertal' bedeutet. Gemäss dem St. Galler Namenbuch verdient diese Deutung vor allem dann Beachtung, wenn der Name ursprünglich für das darunterliegende Gebiet benutzt und später auf den Gipfel übertragen wurde. Denn die unter dem Gipfel liegende Alp *Imalschüel* ist sehr wasserreich. Jedoch bestehen lautliche Probleme bei der Wortentwicklung zum heutigen *Alvier.* Ob eine dieser Erklärungen richtig ist und ob der sanktgallische Bergname und der vorarlbergische Flussname überhaupt die gleiche Grundlage haben, bleibt zu klären.

Der Autor des Rätischen Namenbuchs, Andrea Schorta, bringt eine mögliche Verwandtschaft mit dem Namen des *Val Laver* bei *Sent* ins Spiel. Er erwähnt eine Urkunde aus dem 14. Jahrhundert mit dem Beleg *Laferr* und eine Form *Lavaer* aus dem Jahr 1610. Er tönt eine mögliche Deutung mit einem Typus **lavarium* zu **lava*, 'Steinplatte', an, was er später aber selbst für sachlich bedenklich hält. Denkbar ist laut Schorta immerhin eine Ableitung aus lat. *labes*, 'Einsturz'. Der St. Galler Romanist und Namenforscher Hans Stricker findet, Schortas Vorschlag *labes* + *-ariu* liesse sich sachlich stützen, und weist auf die ausgedehnten Geröllhalden hin, die auf der südwestlichen Hangseite des Grates *Alvier-Gauschla* zur Alpterrasse von *Palfris* abfallen. Die Herleitung von *-ier* aus *-ariu* betrachtet er als lautlich einwandfrei. Das Suffix verbindet sich zwar vorwiegend mit Substantiven, daneben kommen aber auch Verbindungen mit Adjektiven vor.

Auch Vorarlberger Namenforscher haben sich mit dem Namenpaar auseinandergesetzt. Albert Drexel schreibt in den «Vorarlberger Namen»: «*Alvier*, Bergbach in Vorarlberg ‹ lt. *albarum*, *alvarium*, 'Vertiefung, Mulde, Flussbett'. Also 'flussbettartige Vertiefung, Rinne, Mulde', dann für den Bach selber gebraucht. Der *Alvier(berg)* im Kanton St. Gallen ist jedenfalls als Tobelberg bzw. als das Talmuldengebiet des tatsächlichen Tobelbaches zu verstehen.»

Theodor Schlatter ist auf ein zugrunde liegendes lateinisches *alveum* gekommen, zusammen mit dem Suffix *-ariu*. Er sieht darin die Bedeutung von 'Rinne, Flussbett' und schliesst daraus, dass der heutige Bergname ursprünglich der riesigen Talmulde des Tobelbaches auf der Alp *Imalschüel* galt und auf den Gipfel übertragen wurde.

Andrea Schorta schlägt noch eine weitere Deutung vor, nämlich lateinisch *ripa*, 'Ufer', rätoromanisch *riva*, zusammen mit der Endung *-ariu* oder *-aria*. Diese Zusammensetzung ist in Graubünden mehrfach belegt. Die lautliche Erklärung ist laut Stricker einleuchtend, von der Benennungsgrundlage her ist der Ansatz für unseren Namen jedoch nicht klar. Er fügt hinzu, dass vielleicht vorrömisches *Alb-*, 'Anhöhe, Berg', zu erwägen ist, das im Engadin in einigen Suffixverbindungen (ohne *-ariu*) nachgewiesen ist.

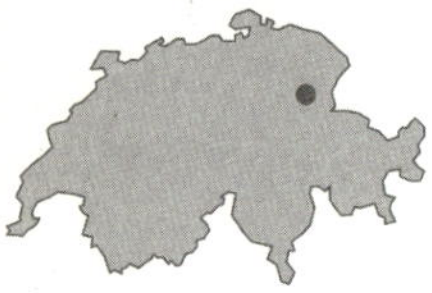

5000

2310 m ü.M.

0

Churfirsten

St. Gallen

An der Deutung des Namens *Churfirsten* scheiden sich die Geister wie kaum an einem anderen Bergnamen. Zwei Thesen stehen sich gegenüber. Welches die richtige ist, ist offen – oder haben vielleicht beide recht?

Der Namenforscher und emeritierte Linguistik-Professor Stefan Sonderegger schrieb im Churfirsten-Führer des SAC: «*Churfirsten*: i.a. als Grenzfirsten gegen Chur (Churrätien) erklärt, was sicher einleuchtender ist, als einen schwer nachzuweisenden Zusammenhang mit den deutschen Kurfürsten zu suchen, umso mehr als 'First' in älterer Zeit gerne 'Bergkette, langgezogener Bergzug (mit verschiedenen Einzelgipfeln)' bedeutet.» Sondereggers These liegt die Überlegung zugrunde, dass die *Churfirsten* die Grenze zwischen deutschem und romanischem Sprachgebiet, zwischen dem Toggenburg und Churrätien, bildeten.

Der emeritierte deutsche Professor für Rechtsgeschichte Clausdieter Schott ist der Meinung, dass sehr wohl die sieben Kurfürsten gemeint waren und der Name volksetymologisch zu *Churfirsten* umgedeutet wurde. Er stützt sich dabei auf einen Marchenbeschrieb aus dem Jahr 1642 als den ältesten Beleg, der die *Höchenen* der *Churfürsten* beschreibt, und auf die erste Autobiografie eines einfachen Bürgers, die des «armen Mannes aus dem Tockenburg», Ulrich Bräker. Bräker schrieb im Jahr

1789 von der *Reihe der Sieben Kurfürsten.* Denn: «Die Äbte des Klosters St. Gallen besannen sich 1712 zunehmend auf ihren Status als Fürsten des Heiligen Römisch-Deutschen Reiches, indem sie bei Kaiser und Reich Anlehnung suchten. Damit einher ging eine bewusste Pflege der Reichssymbolik, zu der auch das Kurfürstenkollegium gehörte», wie Schott in der Bergmonografie «Churfirsten: Über die sieben Berge» ausführt. Laut Schott stammt der älteste Beleg für *Churfirsten* erst von der Eschmann-Karte aus dem Jahr 1854. Und dass dort *Churfirsten* eingetragen ist, sei die Schuld des luzernischen und somit katholischen Stadtarchivars Josef Schneller, der zufälligerweise von der Karten-Druckerei wegen der Schreibweise des Namens angefragt worden sei. Schott bezeichnet diese aus seiner Sicht falsche Auskunft Schnellers als «klerikale Interpretation eines Sonderbündlers» und begründet dessen Verhalten so: «Ein fürstenfeindliches Zeitalter war angebrochen, in dem sich die Schweiz immer deutlicher als Emigranteninsel heraushob. 'Friede den Hütten, Krieg den Palästen', hatte der 1837 in Zürich gestorbene deutsche Dichter Georg Büchner verkündet. Fürsten als mächtige Berge in der republikanisch-demokratischen Schweiz waren nun undenkbar, zumindest unerwünscht. Für das im 19. Jahrhundert mühsam errungene Nationalbewusstsein musste ein monarchieverdächtiger Ortsname zum Ärgernis werden. Jeder Zweifel war willkommen, um sich der Reminiszenzen an eine verhasste Fürstenherrschaft zu entledigen.» Und weiter: «Welch glücklicher Zufall, dass es da noch das Bistum Chur oder das Gebiet 'Churwalchen' gab, das eine beruhigende Deutungskonstruktion lieferte, wodurch man nach dem Rezept 'weil nicht sein kann, was nicht sein darf' auf sanfte Weise die 'Churfürsten' loswerden konnte.»

Laut der Kartei des Sankt-Galler Namenbuches nannten die Einheimischen die Bergkette bis in die 30er Jahre des 20. Jahrhunderts *Churfürschte.* Schott meint, dass sich als Fremder verriet, wer *Churfirschte* sagte. Aber ein Blick ins Schweizerdeutsche Wörterbuch zeigt, dass mundartlich *Fürschte* in der Bedeutung von *Firschte* in der ganzen Schweizer Dialektlandschaft vorkommt, nicht nur in der Ostschweiz. Ebenso wie *Churfürsten* als Variante von Kurfürsten in deutschen Texten benutzt wurde. Dieses Argument sticht deshalb auf keine Seite.

Fest steht mittlerweile, dass auf der Karte von Johann Jakob Bühler aus dem Jahr 1784 *Die VII Churfürsten* deutlich angeschrieben sind. Auf seiner Karte aus dem Jahr 1759 trägt der Gebirgszug noch keinen Namen; allerdings lautet der älteste Beleg aus dem Jahr 1642 *Churfürste*. Dieser Umstand ist aber weder für die eine noch die andere Theorie ein handfester Beweis, da es sich um ein gleichlautendes Wort in unter Umständen unterschiedlicher semantischer Bedeutung handelt. Es darf also weitergeforscht werden.

Für den Schluss gebe ich aber das Wort gerne noch einmal Claudieter Schott: «Richtig verstanden sind sie Monumente einer durchaus nicht völlig unmodernen Staatsidee. Nach spätmittelalterlicher Lehre war der Kaiser das Garantiesymbol eines umfassenden Weltfriedens, und die Kurfürsten galten als Repräsentanten des Volkes, die im Auftrag des Volkes den Kaiser wählten. Denn, so lehrte man damals, alle Gewalt geht vom Volke aus und ist als eine in dieser Weise legitimierte Gewalt auch eine göttliche Gewalt. Als Denkmal für die Entwicklung der Lehre von der Volkssouveränität wäre aber dieses Wahlkollegium in der Schweiz durchaus noch immer am richtigen Platz.» So weit die Sicht des Rechtshistorikers.

Was jedenfalls mit Sicherheit erkennbar ist: Die Namen der einzelnen Gipfel der *Churfirsten* sind älter und teilweise romanischer Herkunft. Nicht alle Namen sind gänzlich erforscht, einige sollen hier aber genannt werden. Der *Frümsel* (2267 m ü. M.) ragt ziemlich steil auf und wird von Stefan Sonderegger auf eine Form **frumisal* zurückgeführt. Dem liegt altdeutsch *frum*, 'vorwärts', althochdeutsch *frummen*, 'vorwärts bringen', zugrunde. Die Grundbedeutung des Namens wäre dann 'der Vorstehende, Vorschiessende, Aufgeschichtete'. Der *Schibenstoll* (2234 m ü. M.) ist eine Wortzusammensetzung. Laut Sonderegger werden mit *Schibe*, 'Scheibe', geneigte Flächen benannt, wie etwa beim Flurnamen *Schiben* südöstlich der Alp Flis. Als *Stolle* wird nach Paul Zinsli ein 'Felsturm' bezeichnet und nach Schweizerdeutschem Wörterbuch eine 'Felskuppe, schmaler hoher Fels, als einzeln stehend betrachtet'. Daraus lässt sich schliessen, dass es sich bei diesem Bergnamen um eine möglichst präzise Beschreibung der Geländeform handeln dürfte. Vom Gipfelnamen *Selun* (2205 m ü. M.) vermutet Sonderegger, dass er zu lateinisch *solamen* gehört, einer Ableitung von *solum*, 'Boden, Grund'. Eine Ableitung, die in weiten Gebieten von Graubünden in den Formen *Salums, Saluns* u. ä. als Flurname lebt und sich auch in Pfäfers und Wartau erhalten hat. Julius Studer stellt den Namen zu lateinisch *sella*, 'Sattel', wie die Alp *Sillamatt* auf der Nordseite. Somit würde es sich um einen weiteren Alpnamen handeln, der auf den Gipfel übertragen wurde. Die Herkunft des Bergnamens *Brisi* vermutet Sonderegger bei einem Pflanzennamen. Mundartlich *Brisi* hat im Schweizerdeutschen die Bedeutung von 'Heidekraut' und könnte damit «entsprechend seinen weiten Gras- und Heidegebieten am Nordhang» den *Brisi* benennen.

Glärnisch Glarus

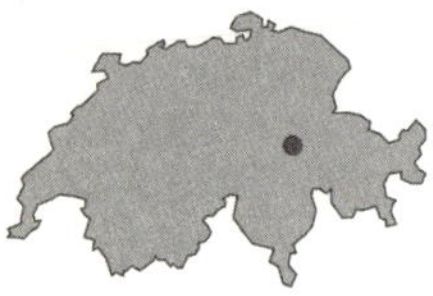

5000

2915 m ü.M.

0

«Dieser, heute sich als wüstes Steingebilde auftürmende Felsklotz war ehedem das Gärtchen eines wunderschönen, keuschen Mädchens, Vreneli geheissen. Die herrlichsten Alpenblumen zierten es, die Früchte an den Bäumen waren nochmal so süss wie drunten im Tal ihrer Schwestern, und innige, stille Freude umwob das liebliche Wesen, dessen Pflege die Flur unterstellt war. Damit nun keines Frevlers Blick das holde Mädchen streifen könne, hatte der Vater, welcher als mächtiger Berggeist die Alpen ringsum beherrschte, einen Kranz steiler, unzugänglicher Felsen um das blühende Heim seiner Tochter gezogen. Diese Mauern stehen noch heute. Jeder, der auf den Glärnisch klettert, kann sie mit eigenen Augen sehen. Ein kühner Bursch aus Glarus nun, der, gelockt von der Schilderung der Gemsjäger, die das schöne Mädchen von ferne erblickt haben wollten, Tag und Nacht nicht zur Ruhe kommen konnte, machte sich eines Morgens auf, die grause Felsenburg zu erklimmen. Sie liebten sich vom ersten Blick an, und Vreneli verbarg ihn vor dem Auge des Vaters. Aber dieser witterte Unheil. Er flog zum Schein über die Berge, kehrte aber unvermutet wieder zurück und fand das Paar in zärtlichster Umschlingung. Sein untilgbarer Hass gegen das Menschengeschlecht, das ihm seine Gemsen tötete, machte ihn unerbittlich. Er schleuderte den Burschen über die hohe Wand hinab und verwandelte sein schluchzendes Töchterlein in einen grauen Felsklotz. Und nur, so erzählt die Sage, wer in Liebe dreimal den richtigen Stein küsst, kann das schlafende Kind wieder zum Leben erwecken. Tausende von Steinen liegen auf dem Gärtli, Eis und Schnee hat der zürnende Vater darüber gegossen. Wer weiss, wie lang die Geschichte schon her ist!»

So steht die Sage von *Vrenelis Gärtli*, die uns bis heute in ihren Bann zieht, im Glarner Sagenbuch geschrieben. Das *Vrenelisgärtli* ist Teil der Gipfelpartie des *Glärnischs* und verlieh ihm etwas anhaltend Zauberhaftes. Es ist bei klarem Wetter sogar von der Stadt Zürich aus gut zu sehen. Dieser markante und weitherum sichtbare sagenhafte Berg ist das Wahrzeichen des Kantonshauptorts Glarus. Und von dort, genauer wohl von der Talschaft, wie Fritz Zopfi in seinen «Glarner Gemeindenamen» vermutet, hat der *Glärnisch* auch seinen Namen. Dass die ganze Talschaft oder ein weiteres Gebiet als nur der Ort *Glarus* diesen Namen trug, bestätigt auch der Beleg aus der Mitte des 9. Jahrhunderts, der von der Pilgerfahrt der beiden Heiligen Felix und Regula erzählt: *per uasta loca heremi que dicitur clarona*, 'durch die weite und verwilderte Landschaft, die Clarona genannt wird'. Der Berg hat seinen Namen als Wahrzeichen von *Glarus* bereits früh bekommen, noch in romanischer Zeit: *glaernisc*, *(mons) *claroniscus*, 'der Berg bei *Clarona*'.

Für *Glarus* sind bis heute vier Deutungen vorhanden, wie Gertrud Walch in ihrer Dissertation über die Glarner Orts- und Flurnamen schreibt. Danach hat sich Albrecht von Bonstetten im Jahr 1479 als einer der ersten mit dem Namen *Glarus* auseinandergesetzt. Er bringt gleich zwei Deutungsvorschläge, die sich bis heute halten konnten. Einmal stellt er den Namen zu lateinisch *clarere*, 'hell sein', und weiter schlägt er die *glarea terra*, 'die Kieserde', als Motiv vor. Einige Forscher vermuten, dass der Bergname auf den Personennamen *Hilarius* und damit auf einen Heiligen zurückgeht. Fritz Zopfi erschliesst einen Stammesnamen **Klaronen* als Ursprung.

Gertrud Walch postuliert, dass *Glarus* eine Folge einer Interferenz zwischen dem lateinischen *Clarona* und dem deutschem *Glaris* ist. Mundartlich sprechen die Einheimischen ja noch immer *Glaris* aus, hingegen spricht man von den *Glarnern*, eine Form, in der sich das lateinische *Clarona* erhalten hat. Nach Meinung von Walch ist der heilige Hilarius Namengeber, da dieser Name bereits früh als *Gleris* ausgesprochen wurde, wie ein Beleg aus dem Jahr 1263 zeigt: *nah sant Gleris tag*. Nach der Christianisierung hatte Glarus für lange Zeit die einzige Parochialkirche, um die herum sehr wohl ein verbreiteter Ortsname aus dem Heiligennamen entstanden sein könnte.

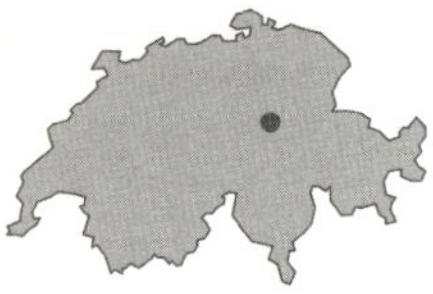

Twärenen Räui

Schwyz

Auf der Landeskarte der Schweiz steht *Silberen*, dort wo eigentlich die *Twärenen Räui* liegt. Das bestätigt auch ein Beleg aus dem Lexikon Leu (1750), der die Lage der Muotataler Alp *Bödmeren* beschreibt: *Bödmer. Ein in der Pfarr Muothathal und dem Land Schweiz, an dem Fuß des Bergs Twerenen ligende Senn-Alp.*

Als ich vor Jahren mit dem Wildhüter Pius Reichlin auf Forschungstour im Muotatal unterwegs war, sagte er einmal: *Obsi, nitsi, twäretsi.* Ich war überrascht, denn ich dachte, *twër* gebe es im lebendigen Wortschatz in keiner Form mehr, denn *twër* ist mittelhochdeutsch und bedeutet 'quer'. Sofort ist mir die Twärenbrücke in den Sinn gekommen, die es im Mittelalter ermöglichte, die Urner Schöllenenschlucht zu überwinden. Die aneinandergereihten und an Ketten aufgehängten Holzdohlen lagen quer zum Fels und damit quer zum Fussgänger. Und quer in der Landschaft des Muotatals liegt eben auch die *Twärenen Räui*, die den höchsten Punkt des Bergrückens südöstlich des Pragelpasses bildet. Aus der Luft oder von einem der umliegenden Gipfel sieht man diese Querstellung am besten. Auch auf der Landeskarte ist dieser geologische Umstand gut ersichtlich.

Twärenen ist eine Bildung mit der Nachsilbe *-ene(n)*, eigentlich ein zum Singular gewordenes Pluralwort der Abstraktbildung *Twäri* von *twër*, wie Viktor Weibel im Schwyzer Namenbuch schreibt. Die Endung *-enen* wird dann benutzt, wenn etwas häufig vorkommt; daraus ist der Plural entstanden. Hier sind die unzähligen quer verlaufenden Furchen und Karren des Karstgebietes benannt. Das Grundwort *Räui* ist ein wunderbares Beispiel für etwas, was besonders die Innerschweizer Dialekte gerne anwenden: eine Substantivbildung auf *i*. Man nehme in unserem Fall das Adjektiv *rau* und mache daraus ein Substantiv. Dafür hängen wir hinten ein *-i* an. Dieses *i* provoziert beim *a* einen Umlaut und aus *rau* wird *Räui*, wie *glatt* zu *Glätti* wird.

Dieser i-Umlaut kommt häufig in der Wortbildung vor. Kurz und gut, mit der *Twärenen Räui* wird dieser felsige Bergrücken mit 'quergestellter Rauhheit' beschrieben.

Die *Twärenen Räui* gehört mit *Bödmeren* und *Silberen* zu den Einzugsgebieten der zweitgrössten Höhle Europas, des Höllochs. Das Hölloch ist ein Karst-Höhlensystem, das durch die auswaschende Kraft des Wassers am wasserlöslichen Kalkstein seit rund 1 Mio. Jahren entsteht. Bis jetzt sind 197 km bekannt, und das System ist noch immer nicht abschliessend erforscht.

Der Bergbauer und Hirte Alois Ulrich vom Stalden bei Muotathal entdeckte im Jahr 1875 den Höhleneingang in der Nähe seines Hauses, den er, mit Leiter und Laterne bestückt, untersuchte. Nachdem sich lange Zeit niemand für seine Entdeckung interessierte, war es der Zürcher Hans Julius Widmer, der nach einem ersten Besuch auf seiner Hochzeitsreise 1899 vom «Hölloch-Fieber» gepackt wurde, wie man sagt. Der Ingenieur erforschte darauf mit kundigen Führern das Hölloch und zeichnete die ersten Pläne. Doch Widmer hatte nicht nur die Forschung im Sinn, als er sich tagelang in der unterirdischen Welt aufhielt, er schmiedete auch Pläne für eine touristische Nutzung dieses Naturwunders. Trotz einiger Schwierigkeiten konnte er im Jahr 1904 ein belgisches Syndikat von seiner Idee überzeugen. Die Investoren wollten die Höhle im grossen Stil ausbauen, mit Elektrizität für die Beleuchtung versorgen und begehbar machen. 1905 wurde in Brüssel die Aktiengesellschaft «Grottes de Muotathal (Höll Loch) en Suisse» gegründet, die über eine Million Schweizer Franken Aktienkapital verfügte. In den Wintern der Jahre 1905 bis 1907 wurden der Zugang zum Höhleneingang in der Höllschlucht und alle heute noch vorhandenen Weganlagen im sogenannten ausgebauten Teil der Höhle angelegt, wie im Buch «Hölloch. Naturwunder im Muotatal» ausgeführt wird. Beim Eingang zur Höllschlucht entstand ein Wohnhaus für den Höhlenwärter mit Kassenhäuschen. Das grösste Problem für die Pioniere war das Hochwasser, das naturgemäss alle Jahre das Hölloch bis zum Eingang hin auffüllt. Mit Abflussstollen versuchte man dieses Problems Herr zu werden – ohne Erfolg. Nichtsdestotrotz kamen die Ausbauten zügig voran, und im Sommer 1906 konnte das Hölloch für den Tourismus geöffnet werden. Doch der erwartete Ansturm blieb aus. Zu abgelegen war es für die in Schwyz und Brunnen logierenden Gäste. Die Aktiengesellschaft ging bankrott, und 1909 starb Hans Widmer an einer Lungenentzündung – das Feuer war aus. Als dann im Sommer 1910 ein gewaltiges Hochwasser irreparable Schäden an den elektrischen und sonstigen Installationen im Hölloch verursachte, deren Überreste wie Keramikfassungen und Holzbalken man übrigens heute noch in den verwinkelten Gängen findet, war der Traum von der Touristenattraktion endgültig ausgeträumt. Immerhin – das Pionierprojekt brachte im Stalden Strom – etwas, worauf die abgelegene Talschaft sonst noch lange hätte warten müssen.

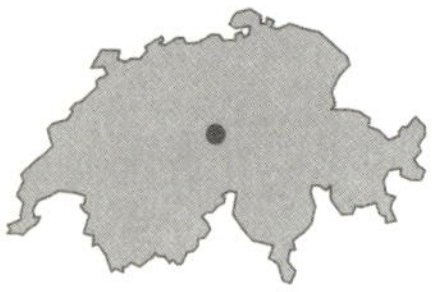

Schimbrig Luzern

Der *Schimbrig* liegt in der Nähe des Glaubenbergs, eines Passübergangs zwischen den Kantonen Luzern und Obwalden. Er ist ein weithin sichtbarer Einzelberg in der Alpenrandkette. Der Bergname *Schimbrig* ist eine Zusammensetzung mit dem Grundwort *-berg*, das hier mundartlich in der oberdeutschen Form mit Sprossvokal *-berig* erscheint. Laut dem Luzerner Namenbuch entspricht das Bestimmungswort *Schim-*, das in den Urkunden auch *Schin-*, *Schÿn-* und ähnlich erscheint, schweizerdeutschem *Schin*, 'Schein, Glanz, Helligkeit', das aus althochdeutschem *scin* und mittelhochdeutschem *schîn* entstanden ist In der Zusammensetzung mit *-berg* ist *Schinberg* zu *Schimbrig* assimiliert. Die Assimilation, das heisst die Anpassung eines Sprachlauts an den benachbarten Laut, hier also von /*n*/ zu /*m*/ durch das benachbarte /*b*/, ist in den ältesten Belegformen des 15. Jahrhunderts bereits durchgeführt.

In den Urkunden wird der *Schimbrig* im 15. Jahrhundert erstmals erwähnt, wie die Belegreihe des Luzerner Namenbuches zeigt: *Grunderen Lochegg vnd Schümberg* (1433), *vmb den schümberg… den sch(im)berg* (1473), *Der schinnberg zu° entlibu°ch* (1483), *Lechen Des bergs oder allpp zun brüdernn under dem schÿnberg* (1537), *schÿnbärg* (1692), *Scheinberg im Canton Lucern, wo dic Entlen entspringt* (1716). Nach Namenforscherin Erika Waser sind die urkundlichen Formen *Schümberg* in Quellen des 15. Jahrhunderts unklar. Es könnte sich auch um Verschreibungen handeln.

Auch andernorts werden mit Namen auf *Schin* Berge oder Bergkämme bezeichnet. Das Urner Namenbuch stellt den Alpnamen *Schin* und den Gratnamen *Salbitschin* zu schweizerdeutsch *Schin*, 'Schein', und rückt sie bedeutungsmässig in die Nähe von schweizerdeutsch *Hohliecht*, 'Horizont, Bergkamm, hinter dem von unten keine weiteren Berge zu sehen sind, sondern nur noch der lichte Horizont'. Diese Erklärung trifft nach Erika Waser auch für den *Schimbrig* zu.

Napf Luzern

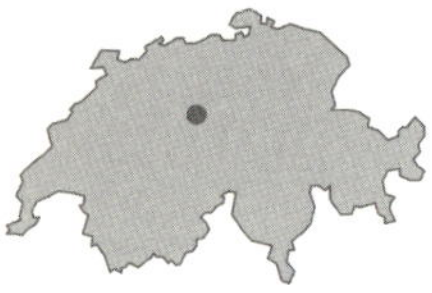

5000

1408 m ü.M.

0

Töpfchen oder Riese? Diese Frage stellt sich beim Namen des *Napfs*, der das Gebiet zwischen Entlebuch und Bern dominiert und ihm den Namen gegeben hat. Die Alpweiden auf dem *Napf*, die sich über den ganzen Bergzug hinziehen, scheinen jedoch früher anders benannt gewesen zu sein. *Änzi* oder *Enzen* hiess die Alp – Namen, die man auch Riesen gab.

Die schriftlichen Belege für den Bergnamen *Napf* setzen später ein als *Änzi*, wie das Luzerner Namenbuch zeigt. *Napf* erscheint erst im 16. Jahrhundert: *die Alp genannt der Nappff* (1531), *man sicht vom Napf den nidern Entzen und den obern nit* (1572), *die hoche Stackel egg wie auch der bereüte berg der Napff geheissen* (1710), *Napf* (1782). Der Bergname *Napf* gehört zu den Gefässnamen, die gerne für die Beschreibung einer Bergform benutzt wurden. Schweizerdeutsch *Napf* ist ein 'rundes Gefäss für Flüssigkeit', eine aus Holz gedrechselte, ziemlich tiefe Milchschüssel, die hauptsächlich auf den Alpen gebräuchlich ist. Der *Napf* diente auch als Aufbewahrungsgefäss für Butter, Käse, Mehl und andere Lebensmittel. Früher war der *Napf* auch Masseinheit. Das Wort blieb über Jahrhunderte unverändert und hiess schon althochdeutsch *hnapf, napf*, mittelhochdeutsch *napf(e)*. Die Gipfelform des Berges erinnerte die Menschen im Napfgebiet offenbar an einen umgedrehten Milchnapf. Wie bereits angetönt, findet man das Motiv des umgedrehten Gefässes häufig in der Bergnamenwelt, beispielsweise auch beim *Pfannenstock* im Kanton Schwyz.

Laut dem Luzerner Namenbuch wurden die obersten Höhen des *Napfs*, die sich als gratartiger Zug von Westen nach Osten erstrecken und im Norden in senkrechten Felswänden abfallen, schon früh alpwirtschaftlich genutzt und sind darum bereits in alten Urkunden erwähnt – aber nicht als *Napf*, wie die Belege zeigen: *von Tischegg uff den Entzen* (1371), *an Entzi Zuͦ dem küng* (1418), *uff die Hoͤche des Entzen* (1470), *der Entzÿ* (1692), *Änzi die Alp* (1763) usw. Der Berg- und Alpname hiess also *Änzi, Enzen*. *Napf* konnte sich erst mit der Zeit als Gipfelname durchsetzen. Das Schweizerdeutsche Wörterbuch gibt an, dass mit *Enzi* die 'oberste Kuppe eines Grenzberges' bezeichnet wird, und erwähnt dabei explizit den *Napf*. Das Luzerner Namenbuch sucht denn auch nach der Etymologie des Namens *Änzi* und kommt zum Schluss, dass es sich um eine Wortbildung mit der althochdeutschen Wurzel **enti-(i)zo* handeln könnte, das zu altdeutsch *anti, enti*, 'Ende, Grenze, Rand, Vorderseite', gestellt werden kann. Da es sich beim *Napf* um ein Grenzgebiet zwischen Luzern und Bern handelt, scheint eine solche Deutung plausibel.

Doch nun zur Riesen-Geschichte. Auf dem *Napf* gibt es das *Enziloch*, das durch seine bösen Enzimannen, die wettermachenden Berggeister, bekannt ist, welche den Menschen im Napfgebiet schlechtes Wetter brachten, wenn sie sich liederlich benahmen. Das Schweizerdeutsche Wörterbuch schreibt dazu, dass diese Enzimannen unzweifelhaft ursprünglich Riesen waren, die erst später in den Sagen in Geister in Menschengestalt verwandelt wurden. Dass die riesenhaften Flühe auf der Nordseite des Napfs fremd und bedrohlich wirkten und dass für die oftmals sehr heftigen Regenfälle im Napfgebiet eine Erklärung gesucht wurde, formt den üblichen Rahmen für Alpensagen, die das gottesfürchtige Leben als das richtige darstellen und bei jeglichem Verstoss dagegen mit fürchterlichen Konsequenzen etwa in Form eines Ausbruchs von Naturgewalten drohen.

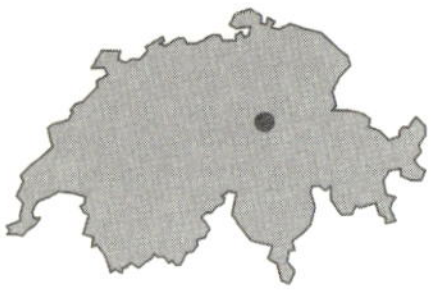

5000

1127 m ü.M.

0

Bürgenstock Nidwalden

Dank einer wunderbaren Hotelanlage, die in der Gründerzeit auf dem fast unbewohnten Bergrücken entstand, hat der *Bürgenstock* durch mondänen Baustil und illustre Gäste Weltruf erlangt. Ranghohe Politiker, Wissenschaftler und Kurgäste haben sich in den Bürgenstock-Hotels die Klinke in die Hand gegeben, sich erholt und wichtige Gespräche geführt. Irgendwann Mitte des 20. Jahrhunderts begannen die grosszügigen Bauten zu zerfallen; Rettung wurde angekündigt und kam dann doch wieder nicht. Aber jetzt wird saniert. Zuerst war es eine Waadtländer Firma, die dem luxuriösen Charme der Belle Epoque erlag, nun sind es arabische Investoren aus Katar. Die Hotels werden eines ums andere restauriert, umgebaut, abgerissen, neu erbaut und modernisiert. So, dass der Ort seinen bezaubernden ursprünglichen Charme zurückerhält.

Die Namengebung ***Bürgenstock*** wird dem Hotelgründer Franz Josef Bucher-Durrer zugeschrieben (1834–1906). Doch der Name ***Bürgenstock*** ist bereits 1804 das erste Mal in der «Anleitung, auf die nützlichste und genussvollste Art die Schweiz zu bereisen» von Johann Gottfried Ebel schriftlich erwähnt. Er bezeichnet den ***Bürgenstock*** als Ausläufer des Pilatus «mit einer herrlichen Aussicht auf die umliegende Gegend». Im Jahr 1871 kaufte Franz Josef Bucher die damalige Alp ***Tritt*** und eröffnete sein Hotel am 24. Juni 1873. Das Gebiet auf der Anhöhe des ***Bürgenstocks*** hiess also früher ***Tritt***, nach dem steilen Aufstieg, den man beidseits auf dem Weg zu diesem Plateau hinauf zu überwinden hat (wobei ***Tritt*** übrigens als Flurname in den Bergen häufig vorkommt). Die an den Hotelkomplex angrenzende ***Trittweid*** hat diesen Namen bis heute behalten.

Der Bergname ***Bürgenstock*** stammt somit nicht aus der Feder irgendeines Schreibtischtäters – oder eben Hoteliers –, wie vielfach behauptet wird. Laut Nidwaldner Namenbuch heisst es in einem nidwaldischen Landratsprotokoll aus dem Jahr 1704, dass ***diejenige uff der Drit uff Bürgen stehende güllt ... mit des regierenden landtammans Dilliers siegel bewihet werden soll***. Wir finden hier also den Alpnamen ***Tritt***, der ***auf Bürgen*** liegt. Dieses Landratsprotokoll bringt uns auf die Spur der alten Namensherkunft. Die gewählte weibliche Form von ***Drit*** zeigt, dass die Alp ***Tritt*** gemeint ist.

Der Name ***Bürgen*** hat seine Wurzeln im Wort ***Burg***. Es handelt sich um eine erstarrte Mehrzahlform im ortsangebenden Dativ «***auf den Bürgen***», wie der Beleg aus dem Jahr 1704 zeigt. Mit ***Burg*** als Flurname wird häufig eine 'erhöhte, burgähnliche Stelle' bezeichnet, was für den aus dem Vierwaldstättersee ragenden ***Bürgenstock*** in der Realprobe zweifelsohne zutrifft, wie auch für die Ortschaften Obbürgen und Ennetbürgen.

Buochserhorn Nidwalden

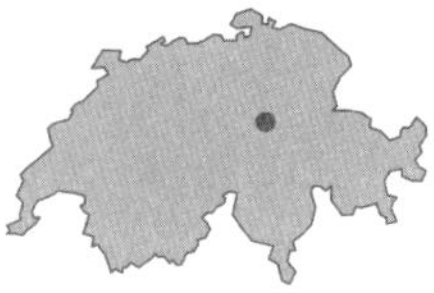

5000

1807 m ü.M.

0

Von *Buochs* aus gesehen, ist das *Buochserhorn* ein richtiger Kegel mit Spitze, so wie es sich für ein Horn gehört. Im Nidwaldner Namenbuch findet sich für das *Buochserhorn* eine ellenlange Belegreihe, die uns bis ins 12. Jahrhundert zurückführt.

Der älteste Beleg nennt den Berg einfach *Horn*: *ad Horne quartam partem*, 'vom Horn zur vierten Seite hin'. Das auslautende *-e* in *Horne* zeigt die lateinische Fallform (*von dem Horne*) an. In der Belegreihe begegnen wir nicht weniger als fünf Nennweisen, die alle denselben Berg meinen und über die Jahrhunderte abwechslungsweise gebraucht wurden: *Horn* (um 1160), *Alpenbergk* (1511), *Buochser bergk* (1511), *Alpelen Horn* (1547) und *Buochser Horn* (1601). Die beiden Belege *Alpenbergk* und *Alpelen Horn* scheinen eine Namengebung des *Buochserhorns* nach der Lage oberhalb der *Alpelen* zu haben. Die Benennungen mit *-berg* stehen nicht für den eigentlichen Gipfelnamen, sondern für die ganze Bergflanke, die man bereits zu früher Zeit bewirtschaftete.

Buochser- ist eine Bildung mit dem die Zugehörigkeit bzw. die Herkunft bezeichnenden Suffix *-er*, zu *Buochs*. Dieses Zugehörigkeitssuffix benutzen wir heute noch, z. B. bei der Bezeichnung von Einwohnerinnen und Einwohnern: *Zürcherin*, *Basler*, *Burgdorfer*. Mit dem ältesten Beleg aus dem 12. Jahrhundert kann das *Buochserhorn* auf ein für einen verschriftlichten Bergnamen stolzes Alter zurückblicken. Das hat damit zu tun, dass der Berg oberhalb einer alten Siedlung steht und seine Alpen früh genutzt wurden.

Was bedeutet der Name *Buochs*? Bereits die ersten Geografen und Universalgelehrten rätselten an diesem Ortsnamen

herum. Die Verwandtschaft mit dem Pflanzennamen *Buchs* bzw. *Buchsbaum*, lat. *buxus*, scheint auf der Hand zu liegen. Der Diphtong /*uo*/ liesse sich mit dieser Herleitung sprachhistorisch allerdings nicht erklären. Dass es sich aber um einen romanischen Siedlungsnamen handelt, darauf gibt uns das auslautende -*s* (wie in Näfels, Schwyz oder Stans) den Hinweis. Diese Ortsnamen gehören nämlich zur Namengruppe, die sich mit dem auslautenden -*s* als romanische Siedlungsnamen zu erkennen geben. Also darf das Ausgangswort im romanischen Namengut gesucht werden.

Laut Nidwaldner Namenbuch führt die Spur ins St. Galler Rheintal, wo mit der Ortschaft *Buchs* (SG) ein Namenverwandter mit romanischen Wurzeln beheimatet ist. Wie bei *Buchs* kann hier von lat. *podium*, 'Tritt, Anhöhe', ausgegangen werden. Es ergibt sich daraus folgende Wortentwicklung: das /*o*/ vor auslautendem /*j*/(*podium*) ergibt im Rätoromanischen den Diphtong /*uo*/. Daraus ergibt sich *puo*-. Weiter ist der Buchstabe /*d*/ betroffen, der als Verbindung von /*d*/ zu /*ch*/ (vergleiche z. B. im Deutschen: *Gre**tch**en*) im Alemannischen durch /*g*/ oder /*k*/ ersetzt werden konnte. Im Fall von *Buochs* war es ein /*k*/, das durch die *k*-Verschiebung zu *ch* wurde; daraus ergibt sich *puoch*-. Mit dem oben erwähnten /-*s*/ für eine romanische Ortsbezeichnung haben wir schliesslich den vollständigen Namen rekonstruiert: *puochs*. Durch die Diphthongierung wurde anlautend /*p*/ zu /*b*/ abgeschwächt: *buochs*.

Die k-Verschiebung hat im 7. oder 8. Jahrhundert im Althochdeutschen stattgefunden und hat, wie schon in der Einleitung erwähnt, zur Abtrennung des hochalemannischen Sprachraums geführt (deutsch ***K**ind* gegenüber mundartlich ***Ch**ind*), zu dem die ganze deutschsprachige Schweiz ausser Basel gehört (siehe mundartlich *churz*, baseldeutsch *ghurz*).

Die siedlungshistorischen Funde in *Buochs* stützen die sprachwissenschaftliche Herleitung des Namens insofern, als beim Autobahnbau oberhalb der Kirche Überreste von gallorömischen Brandgräbern vom Ende des 1. Jahrhunderts gefunden wurden. Der alte Siedlungskern von *Buochs* befindet sich also erhöht. Diese Anordnung ist bei alten Siedlungen in Deltagebieten oft zu finden; sie sollte vor Überschwemmungen schützen.

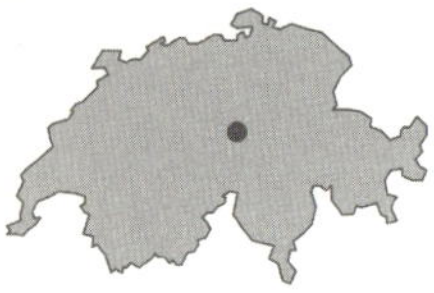

5000

3238 m ü. M.

0

Titlis Obwalden / Bern

Das weisse Spitzchen

Ein blendendes Spitzchen blickt über den Wald,
Das ruft mich, das zieht mich, das tut mir Gewalt:

«Was schaffst du noch unten im Menschgewühl,
Hier oben ist's einsam! Hier oben ist's kühl!

Der See mir zu Füssen hat heut sich enteist,
Er kräuselt sich, flutet, er wandert, er reist.

Die Moosbank des Felsens ist dir schon bereit,
Von ihr ist's zum ewigen Schnee nicht mehr weit!»

Das Spitzchen, es ruft mich, sobald ich erwacht,
Am Mittag, am Abend, im Traum noch der Nacht.

Leis wandelt in Lüften ein Herdegeläut:
«Lass offen die Truhen! Komm lieber noch heut.»

Als ich das Gedicht von Conrad Ferdinand Meyer zum ersten Mal las, dachte ich, er schreibe vom *Silberhorn*. Irgendwie ging aber das mit den Baumwipfeln, der Moosbank und dem See nie auf. Ein Blick in C. F. Meyers Biografie brachte einen anderen Hinweis: Der schwermütige Zürcher Dichter hielt sich häufig in Engelberg auf. Dort gibt es auf verschiedenen Höhen Seen und einen besonderen weiss bedeckten Gipfel – dichtete er vielleicht über den *Titlis*?

Conrad Ferdinand Meyer scheint nur einer von vielen Personen zu sein, welche der *Titlis* über Jahrhunderte hinweg faszinierte. Tatsächlich ist die «Schneeschanze» von vielen Bergen aus sichtbar und einfach zu erkennen. Lange galt er als höchster Berg der Schweiz. Johann Jakob Scheuchzer notierte dies Anfang des 18. Jahrhunderts so in seinem Atlas. Als dann die trigonometrischen Vermessungskünste in der ersten Hälfte des 19. Jahrhunderts die Alpen eroberten, war es aber bald einmal vorbei mit diesem Prädikat.

In verschiedenen älteren Publikationen wird *Wendenstock* als ursprünglicher und angeblich richtiger Name für den *Titlis* angegeben. So zum Beispiel in Albert Jahns Chronik über den Kanton Bern aus dem Jahr 1857: *auf der Seite von Gadmen und der Engstlensennhütte gegenüber ragt vom Wendenstock (Titlis) der Engstlen- oder Wendengletscher herab.* Oder in Abraham Roths «Gletscherfahrten in den Berner Alpen» ist zu lesen: *Der Wendenstock ist kein Anderer als der berühmte Titlis.* Bereits bei diesen beiden Belegen fällt etwas auf: Beide Texte beziehen sich auf eine Sicht aus dem Kanton Bern. Und hier liegt auch die Lösung für dieses Namenproblem, die uns Gottlieb Studer in seinem Panorama von Bern aus dem Jahr 1850 präsentiert: *Der Titlis, der seinen weissen Eismantel gegen das Thal von Engelberg hinunterhängt, nach dem Bernischen Gadmenthal aber unter dem Namen Wendenstock in schroffer Felsenwand abstürzt, bezeichnet die Marke zwischen Bern und Unterwalden. Wendenstock* ist also der Berner Name für den *Titlis*. Ein Doppelname, der bei Grenzbergen häufig vorkommt. Und wovon der eine oft verhältnismässig schnell vergessen wird. Ein Beispiel dazu gibt es auch aus dem Kanton Schwyz: Der heutige *Ortstock* an der Grenze von Glarus und Schwyz hat den Glarner Namen behalten. Er hiess früher auf der Schwyzer Seite *Silberstock*, nach dem Glänzen des früheren Gletschers. Im Siegfriedatlas (Blatt Linthal) von 1898 heisst es noch *Ortstock oder Silberstock* – auf der aktuellen Landeskarte ist nur noch der Name *Ortstock* verzeichnet – den Namen *Silberstock* gibt es heute nicht mehr.

Auch wenn die Namenforscher seit geraumer Zeit das Geheimnis des *Titlis* gelüftet haben, beflügelt die Deutung seines Namen die männliche Phantasie noch heute hartnäckig, wie auf der Internetseite von www.titlisgletscher nachzulesen ist: *Der… Name Titlis… leitet sich von der charakteristischen Form der obersten Kuppe des Berges ab, welche eigentümlich an die weibliche Brust erinnert.* Dieser volksetymologischen Deutung widerspricht die Beleglage, denn für den *Titlis* sind viele schriftliche Zeugnisse vorhanden, das älteste aus dem Jahr 1435: *und von dien Stalden hin untz uff Tuittels berg und ab Tuittels berg hin untz uffen Joch.* Das hier noch vorhandene Grundwort *-berg* bringt uns auf die Spur zur Lösung. Mit *Berg* wird eine Alp bezeichnet und nicht der Berggipfel; in unserem Beleg finden wir also eine Alpbezeichnung wieder. Das Nidwaldner Namenbuch führt die Belege wie folgt auf: *gegen Engelberg der Tittlißberg, welchen man fuer den hoechsten Berg in der gantzen Eydtgenossenschafft haltet* (1661), *Tittlis-Berg* (1766), *die oberste Spitze des Titlis* (1785), *anderseits soll die höchste Erhebung, der Titlis, in alter Zeit auch Wendenstock und Nollen genannt, schon 1739, nach andern Angaben aber 1744, von einem Klosterbruder aus Engelberg erstiegen worden sein* (1896).

Wie beim *Säntis* liegt auch dem Bergnamen *Titlis* ein Personenname zugrunde. Mit *Tüttels-*, *Tittlisberg* wurde ursprünglich wohl ein alpwirtschaftlich nutzbares Gebiet am Titlismassiv nach einer Person benannt (vergleiche dazu den *Rindertitlis*, eine Weide am *Titlis*). Hugo Müller schlägt in seinem Obwaldner Namenbuch aus den 1950er Jahren den Personennamen *Tutilo* vor. Die Belegreihe zeigt eindeutig, dass heutiges *Titlis* eine Verkürzung von *Tüttels-* bzw. *Tittlisberg* ist. Bis Ende des 18. Jahrhunderts ist die volle Form mit *-berg* die übliche. Laut Nidwaldner Namenbuch wurde ursprüngliches **Tutilinesbérc* zu *Tütlinsberg* (mit durch das /*i*/ der Folgesilbe bewirktem Umlaut von /*u*/) und im Obwaldner Dialekt zu *Titlisberg*. Nach Wegfall des Grundwortes *-berg* kam es zu heutigem *Titlis*.

Schwalmis

Nidwalden / Uri

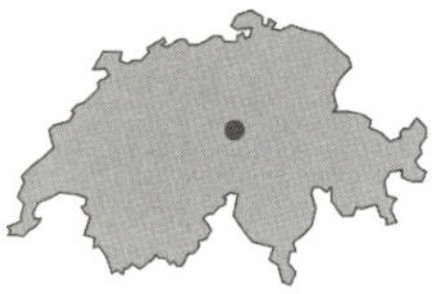

5000

2246 m ü.M.

0

Es gibt noch Orte in der Schweiz, die trotz aussergewöhnlichen Naturschönheiten und bester Erreichbarkeit ihre Eigentümlichkeit und Ruhe haben bewahren können. Einer dieser Orte ist das Isental im Kanton Uri, das durch mächtige Felsklüfte zum Urnersee hin und mit grossen Bergen gegen Nidwalden hin eingeschlossen wird. Nach Überwinden der schroffen Felsen auf einer Bergstrasse von Isleten her öffnet sich das von der Natur grosszügig angelegte Isental, das in noch höherer Lage eine wunderbare Alp verbirgt: Gitschenen. Das Tal ist fruchtbar, die Weiden auf Gitschenen sind saftig und das Gitschener Tor ist die Krönung für Naturliebhaber, die auch mit Felsen etwas anfangen können. Das Gitschener Tor ist ein riesiges Loch im Fels, durch das am 17. Dezember jeweils die Sonne auf den Weiler Gitschenen scheint

Gitschenen wird von Bergen umschlossen, deren einer den Namen *Schwalmis* trägt. Laut dem Nidwaldner Namenbuch erstreckt sich der Name bis auf Beckenrieder Gebiet. Es wird damit also das ganze Massiv benannt und nicht etwa nur ein Gipfel. Der älteste Beleg stammt aus einer Urkunde betreffend Alprechte aus dem Jahr 1480: *untzen oben uff den Heytti Berg und zun Jochen uff, untzen uff den Swalmis… uff das ander ort des Swalmis und von deshin untzen uff das Juchly und da denn uff den Risenden Stok.* Auch wenn der Bergname durch viele Marchurkunden zwischen Uri und Nidwalden gut belegt ist, wirft der aussergewöhnliche Name vor allem durch das Suffix *-is* immer noch Fragen auf.

Das Nidwaldner Namenbuch sieht als Ursprung des Namens am ehesten eine alte, aber schon früh verschliffene Wortzusammensetzung aus dem schweizerdeutsch *Schwall* als Bestimmungswort und *Moos* in der Bedeutung von 'Sumpf' als Grundwort. *Schwall* bedeutet 'Andrang einer fliessenden, überhaupt bewegten Masse, auch diese selbst', die dann in eine 'grosse Menge; Schwellung, Stauung eines Wasserlaufes' übergeht. *Moos* als Grundwort wird häufig zu *-mis* reduziert, wie beispielsweise der Flurname *Fällmis*, der nichts anderes als 'Feldmoos' bedeutet. Für die vorgeschlagene Wortzusammensetzung kann von einer Alpweide auf der Urner Seite ausgegangen werden, wo man sich alte hochmoorähnliche Bodenstrukturen vorstellen kann. Das maskuline Geschlecht des *Schwalmis* kann von einem weiteren Element wie *-berg* oder *-stock* beeinflusst sein, das häufig an Bergnamen angehängt wurde und später dann oft wieder wegfiel.

Das Nidwaldner Namenbuch erwähnt als möglichen Ursprung des Namens noch die Grundlage von schweizerdeutsch *Schwalwe, Schwalme* f. 'Schwalbe', ahd. *swalwa*, mhd. *swalwe, swalbe* f. Für diesen Fall ist die Endung *-is* aber noch schwieriger zu erklären. Man könnte an eine Erweiterung mit einem Suffix *-i(n)* vielleicht im Zusammenhang mit einem Übernamen für eine Person denken. *Schwalmis* könnte so als Verkürzung eines Übernamens im Genitiv erklärt werden. Doch diese Variante erachtet das Nidwaldner Namenbuch als zu gewagt.

Gross Spanort Uri

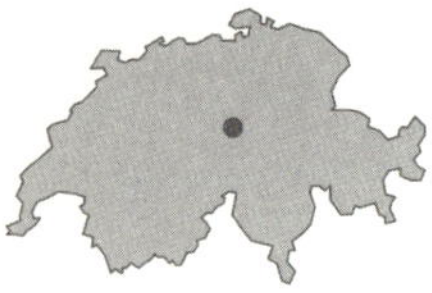

Streit oder Zunder? Die steil aufragenden Felszacken des *Gross Spanort* befinden sich hoch oben im Urner Reusstal, in der Nähe der Grenze zu Obwalden zuhinterst im Engelberger Tal. Drei Spanörter gibt es: *Gross Spanort, Klein Spanort* und *Kleinstes Spanort*. Alle drei Berge haben die Form von aufragenden Felspfeilern; der kleinste besteht nur aus einer Säule.

Das Urner Namenbuch nennt zwei Deutungsvarianten, die dem Namen zugrunde liegen können. Einerseits wird vermutet, dass das mittelhochdeutsche Wort *span(n)*, 'Streit', Anlass zur Herkunft des Bestimmungswortes gab. Da sich der Berg im Bereich einer Kantonsgrenze befindet, erachtet Namenforscher und Autor Viktor Weibel diesen Deutungsansatz als gut möglich. Andererseits schlägt er aber auch *span*, 'Holzspan', vor, womit die Gipfelform bezeichnet würde.

Laut dem Schweizerdeutschen Wörterbuch wurden auf den Alpen früher oft Späne als Kerzenersatz benutzt. Mit *Span* wird auch ein grösseres Stück Holz bezeichnet, das zum Schnitzen benutzt wird. Und dass eine bestimmte Holzform zur Namengebung inspirierte, sehen wir bei den ebenfalls in der Zentralschweiz vorkommenden verschiedenen Bergnamen mit dem Bestimmungswort *Schijen* (Zaunlatten). Die Pfeiler des *Gross Spanort* ragen auffällig aus dem Gletscher- und Felsgebiet, das den Gipfel auf allen Seiten umgibt.

Doch gegen 'Holzspan' als Benennungsmotiv spricht laut Weibel das fest im Urner Dialekt verankerte lange */a/* für *Holzspan*, das dann allerdings, aus welchen Gründen auch immer, gekürzt worden wäre. Jedoch ist anzumerken, dass die Kantonsgrenze ziemlich weit auf Obwaldner Boden verläuft, also auf der anderen Seite der Wasserscheide, der natürlichen Grenze. Die Urner haben hier offenbar einen Gebietsgewinn erzielt, der durchaus zu Grenzstreitigkeiten geführt haben könnte.

Zum Grundwort *-ort* lässt sich sagen, dass im Schweizerdeutschen *Ort* in Flurnamen jeweils den 'äussersten Punkt oder Teil eines Raumes' bezeichnet und 'Ecke, Ende, Rand, Saum, Spitze' bedeutet. Gemäss Herkunftswörterbuch bedeutet es ursprünglich 'Spitze', besonders 'Waffenspitze', dann 'äusserstes Ende' und lokal betrachtet 'Gegend, Stelle'.

Ort ist ein Grundwort, das häufig in Alpnamen von Grenzgebieten auftaucht. Von der Bedeutung 'Spitze' ausgehend, könnte *Spanort* also auch 'Spanspitze' bedeuten, was die Gipfelform noch exakter umschreiben würde. Und wenn die Älpler in der Vergangenheit und heute noch etwas hervorragend können, dann ist es, ihre Umgebung exakt beschreiben.

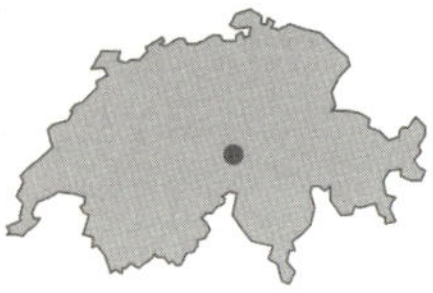

5000

3630 m ü.M.

0

Dammastock Uri

Zuhinterst im Göscheneralptal wird die Göscheneralp von einer imposanten Bergkulisse umringt, zu der auch der höchste Berg im Kanton Uri gehört, der *Dammastock*. In Geografie-Vorlesungen dient der *Dammastock* mit seinem *Dammagletscher* auch schon als Beispiel dafür, wie das Nährgebiet eines Gletschers aussieht.

Angesichts des Fehlens älterer Belege ist das Ausgangswort für den Namen *Dammastock* schwer eindeutig zu eruieren. Und weil der *Dammastock* nicht gerade im Zentrum eines touristisch erschlossenen Gebietes liegt, haben sich die üblichen Namen- und Naturforscher auch nicht gross für diesen Berg interessiert. Aber es gibt eine interessante These des Berner Sprachforschers Albert Samuel Gatschet. Seine Überlegungen gingen davon aus, dass sich die Kantone Uri und Wallis im Interferenzgebiet der romanischen und der deutschen Sprache befinden. Und da der *Dammastock* im Grenzgebiet der beiden Kantone liegt, suchte Gatschet im Romanischen nach einer möglichen Deutung. Im italienischen Formazzatal wurde er auf seiner Spurensuche fündig: In einer Urkunde der Talschaft ist von *dammas*, 'Gämsen', die Rede. Gatschet leitete daraus ab, dass es Gämsen waren, die dem *Dammastock* den Namen gegeben haben. Gämsen gibt es dort oben zweifelsohne, doch die These hat einen Pferdefuss: Das formazzinische *damma* konnte sprachlich nirgendwo anders in der Bedeutung von 'Gämse' nachgewiesen

werden und schon gar nicht in der Nähe unseres *Dammastocks*. Das lateinische Wort *damma* bezeichnet die Gazelle. Dabei handelt es sich wohl um eine Entlehnung aus dem libyschen *adamun*. Das italienische *daino* ist einzig in der Bedeutung von 'Damhirsch' angegeben, genauso wie das bereits im Althochdeutschen belegte *tam(o)*, *dam(o)*, mhd. *tam(e)*, *damme* m., n. in der alleinigen Bedeutung 'Damhirsch' existierte. Obwohl gerade die Benennung nach Tieren in der Bergnamengebung häufig ist, kann dieses Motiv hier ausgechlossen werden, da der Damhirsch durch die Römer von ihren Zügen in Asien und Nordafrika in den Mittelmeerraum importiert wurde und in unseren Alpen auf diesen Höhen nicht anzutreffen war und ist.

Wahrscheinlicher ist, dass der ältere Flurname *Damma* für das Seitental am Fusse des *Dammastockes* dem Berg den Namen gab. Viktor Weibel schlägt die Bedeutung von nhd. 'Damm', ahd. *tam*, vor. *Damma* könnte erstarrter Dativ Plural sein (mhd. *uf den tammen*), dessen Auslaut *-en* in der Aussprache mit der Zeit zu einem *-a* wurde. Weil die Endung *-a* als feminin verstanden wurde, bildete sich der Name in einen femininen Singular um. *Damma* bezöge sich auf einen markanten Geländerücken, der wie ein Damm den früher weiter nach vorn fliessenden Strom des *Dammagletschers* in den Taleinschnitt zwängte, während ebendieser Rücken alpwirtschaftlich genutzt werden konnte.

5000

3586 m ü.M.

0

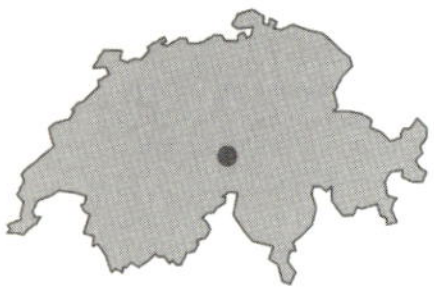

Galenstock Uri / Wallis

Endlich ist es so weit: Ein echter Kelte! In den Alpen haben wir selten tatsächlich keltisches Namengut vor uns liegen. Häufig ist es Wunschdenken, dass uns die Kelten etwas Sprachliches bei Bergnamen hinterlassen hätten. Aber der *Galenstock* ist ein wahrhafter Gallier.

Als *Galen* wird laut Paul Zinsli ein begraster Bergrücken zwischen zwei Taleinschnitten oberhalb der Waldgrenze bezeichnet. Wir finden einen *Galen* oberhalb Zermatt. Im Simmen- und im Kandertal wird *Galen* häufig für Alpkuppen angewendet; in der Zentralschweiz ist es nur gerade im *Galenstock*, an der Westgrenze zum Oberwallis enthalten. Zugrunde liegt laut dem Urner Namenbuch als Lehnwortname gallisches **kalmis*, 'Bergweide'. Das Synonym liegt sprachlich näher bei der gallischen Wurzel und lautet *Galm*.

Zinsli meint weiter, dass mit *Galen* die Kombination von Weide und Geländegestalt beschrieben wird. *Galen* ist verwandt mit altsächsisch *holm*, 'Hügel', lateinisch *Columen*, 'Gipfel', wozu auch das schweizerdeutsche *Gulm*, *Kulm* gehört, das ursprünglich schon eine Anhöhe bezeichnete. Im Wallis gibt es laut Zinsli «viele *Gaale(n)* und *Galmjini*», wie zum Beispiel bei Münster auf der einen Talseite «drii Gaalä näbedenand: der Münster-, der Geschiner- und der Uelricher-Gaalä», drei grosse, langgezogene Kuppen. Im lebendigen Wortschatz ist das Wort

kaum mehr anzutreffen; einen Walliser Gewährsmann konnte Zinsli aber noch zitieren: ***das macht äso e(n) Gaalä***, es rundet sich «Galenartig» zu einer grossen 'Egge(n)'.

Den ältesten Beleg für den ***Galenstock*** finden wir bei Gottlieb Siegmund Gruner in seinem Werk «Die Eisgebirge des Schweizerlandes» aus dem Jahr 1760: ***Auf das Bielenhorn folgt der Galenstok.***

Gross Windgällen Uri

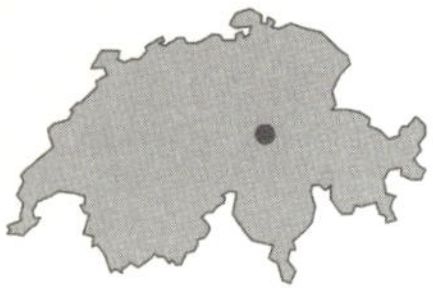

Die Windsbraut? Die Wände der *Gross Windgällen* sind eindrücklich hoch und schroff, und man stellt sich vor, wie einem dort oben der Wind um die Ohren pfeift. Drei *Windgällen* finden wir im Kanton Uri: die Berggipfel des *Schächentaler Windgällen*, *Gross Windgällen* im Maderanertal und eine Abhangkante im Isental.

Ob es nun weibliche oder männliche *Windgällen* sind, ist nicht ganz klar. Während nur die Isenthaler Abhangkante durchwegs weiblich genannt wird, ist für den Berg im Schächental eindeutig das maskuline Geschlecht in Gebrauch, während der Bergname in Silenen auch maskulin, heute aber in zunehmendem Mass feminin genannt wird. Und der nicht um diese Berge lebende Urner braucht den Namen eigentlich durchwegs feminin. Ich selber nenne die *Windgällen* weiblich – und siehe da, im Schweizerdeutschen Wörterbuch ist man sich sicher, dass es sich um einen weiblichen Namen handelt. Und es wird dafür auch gleich eine Begründung geliefert: «Man denkt wohl zunächst an das Heulen und Sausen *(gellen)* des Windes um die Bergspitzen und diese Deutung führt auch nicht weit von der Wahrheit ab, nur müsste das Kompositum dann 'Wind', nicht 'Berg' bezeichnen. Das Kompositum 'Windsbraut', das auch im Volke noch lebt, führt auf die richtige Spur, dass *Windgelle* einen (weiblich gedachten resp. mythologisch personifizierten) Berg bezeichnet, mit dem der Wind 'buhlt', d. h. um den er spielt oder streicht.»

Diese Deutung stützt sich auf das mittelhochdeutsche *gelle*, 'Nebenbuhlerin'. Ob sich hier vielleicht ein verliebter Namenforscher vergaloppiert hat?

Nun denn, das Urner Namenbuch meint: Die Deutung muss beim schweizerdeutschen *gällend*, 'jäh, schroff, nackt' gesucht, werden, wobei das auslautende *-d* geschwunden ist. Die schroffen Felsen also sind es, die von den Urnern so benannt werden. Historische Belege im Schweizerdeutschen Wörterbuch, wie dieser aus dem Jahr 1531, zeigen die diesbezügliche Verwendung des Adjektivs: *Ein hochen berg, der so sorglich, dass an vil orten an einem gellenden felsen, der weg bloss zweier finger breit gewesen.* Oder: *an einem aufrecht gellenden Felsen* (1600). Oder ein Zitat aus dem Prättigau: *E gällundi Fluoh.* Das Bestimmungswort *Wind-* weist auf dem Wind ausgesetzte Stellen hin. Frühere Erklärungsversuche in der gleichen Belegreihe beruhen auf *gellen*, 'heulen, schrill tönen, pfeifen (beim Sturmwind)'. Den ältesten Beleg für den *Grossen Windgällen* finden wir übrigens um das Jahr 1601 im Landrütibuch: *ein Trÿstell so ligt under den Windtgellen, Ebnet genampt.*

Die Erstbesteigung der jähen und äusserst schwierig zu bezwingenden Felsen im Maderanertal gelang im Jahr 1848 der Urner Bergführerlegende Josef Maria Tresch-Exer zusammen mit Melchior Tresch. Eigentlich hätte der Zürcher Alpinist Georg Hofmann dabei sein sollen. Dieses Unterfangen holte Tresch mit Hofmann zehn Tage später nach. Von den Urner Bergführern war Josef Maria Tresch-Exer (1818–1886) einer der populärsten des 19. Jahrhunderts; er war der Erstbesteiger mehrerer Urner Dreitausender. Auch die Besteigung des *Piz Nair* gelang ihm 1865 über den Nordgrat mit den Engländern Thompson, Mansell und Sowerby, zusammen mit seinem Bruder Johann Josef Tresch (später unter dem Namen Felli-Tresch bekannt). Nur fünf Minuten zuvor hatten Ambros Zgraggen und der Verleger F. Zahn den Gipfel als Erstbesteiger über den Nordwestgrat erreicht. Tresch-Exer bildete zusammen mit Ambros Zgraggen ein sehr erfolgreiches Führerduo. Mit John Sowerby als Kunden gelang dem Duo die Erstbesteigung gleich dreier Gipfel: 1864 schafften sie den *Gross Ruchen*, 1867 den *Gross Spanort*, und 1868 waren sie am *Krönten* erfolgreich.

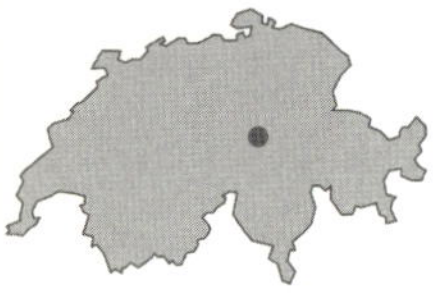

5000

2078 m ü.M.

0

Rofeien Uri

Der *Rofeien* ist einer der mächtigen Stöcke, die sich an der Seite des Urnersees türmen und von Schiller in seinem «Wilhelm Tell» ehrfurchtsvoll beschrieben wurden. Der Berg ist markant und pyramidenförmig, und die eine, stark begraste Flanke wurde früher als Viehweide genutzt. Die übrigen Flanken sind felsig und schroff.

Es handelt sich um einen Alpnamen, der im Laufe der Zeit auf den Gipfel übertragen worden ist. Die Betonung des Namens liegt auf der zweiten Silbe, weshalb das Urner Namenbuch einen romanischen Ursprung vermutet. Die Vermutung wird dadurch gestützt, dass sich der Kanton Uri auch auf dieser nordöstlichen Seite im Interferenzgebiet zwischen deutschem und romanischem Sprachgebiet befindet. Für den *Rofeien* als Alpnamen ist eine gute und dichte Belegreihe vorhanden, die aber in der Schreibweise viele Varianten aufweist: *Vff sinem berg, genant Hartmansmatt, gelegen ob machenberg, stost … an Ruffeÿen vnd an Einsig* (1532), *stosst … an … Franz Arnolds Rämsen … Jos. Gislers Rofeÿen* (1773), *stosst … an … gisslers roffeÿen* (1779), *franz gisler im Rofeÿen* (1828), *Rophaien* (1960). Den ältesten Beleg für den Gipfelnamen finden wir im Lexikon Leu aus dem Jahr 1759: *Rofeyen. Ein hoher Berg, welcher die Alpen von Flüelen und Sisigen … scheidet.* Die Schreibweise der Landeskarte finden wir zum ersten Mal 1891: *am Ausgang des Riemenstalder-Thales, das zwischen Frohnalpstock und Rophaien … sich erstreckt.*

Ausgegangen wird bei der Deutung vom vorrömischen Wort **rova*, 'Erdschlipf, Riss, Sturz', mit der lateinischen Endung *-enu* (vgl. beispielsweise den bündnerischen Ortsnamen *Ruein*). Romanisch **rovena* ergab im Deutschen *rufina (rufine)*. Wir kennen dieses Wort als mundartlich *Rüfi*, 'Erdrutsch, Steinlawine, Bergsturz'. Das */ü/* ist ein i-Umlaut, wird also durch das dem */u/* nachfolgende */i/* ausgelöst (vgl. *dumm* › *Tümmi* oder *Schloss* › *Schlössli*). Die Endung *-en* bei *Rofeien* stammt wohl von einer erstarrten Ortsbezeichnung (Lokativ): auf dem *Rofeien*.

Chlariden

Uri / Glarus

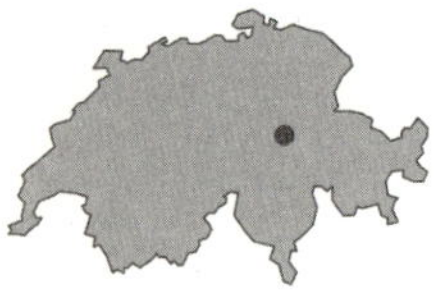

5000

3267 m ü.M.

0

Der *Chlariden* befindet sich auf der Grenze zwischen den Kantonen Uri und Glarus. Der Germanist und Namenforscher Johann Ulrich Hubschmied setzte eine Mehrzahlform **clareta* an, eine Ableitung von lateinisch *clarus*, 'klar'. Der Name bezeichnete demnach eine 'helle Stelle', welche Hubschmied auf das *Chlaridenbödeli* bezieht. *Chlariden* wäre demnach ursprünglich die Bezeichnung für eine Weide gewesen. Vielleicht war mit dieser Benennung aber eher das weithin sichtbare vergletscherte und auch sonst bis in den Sommer verschneite Bergmassiv als helle Stelle bezeichnet worden.

Sprachforscher Albert Samuel Gatschet erwähnt in seinen Forschungen den Deutungsansatz lateinisch *glarea*, 'Kies'. Ein Wort, das ausser im Rumänischen über das ganze romanische Sprachgebiet verbreitet ist. Rätoromanisch *glera* bedeutet primär 'Flussgeschiebe, Geröll'. Laut dem Urner Namenbuch scheint eine Herleitung von *glarea*, 'Kies', plausibler als *clarus*, 'hell'. Auf der Nordseite Richtung Klausenpass befindet sich nämlich unterhalb des Gipfels eine gut sichtbare Senke, wo neben den Seitenmoränen des Gletschers auch eine beträchtliche Ansammlung von Schutt und Geröll vorhanden ist.

Zum ersten Mal schriftlich erwähnt ist der *Chlariden* in Johann Jakob Scheuchzers Naturgeschichten: *linker seits aber die Griesser- und Clarider-Alpen* (1708). Interessant ist der Beleg in einer späteren Ausgabe seiner Natur-Historie aus dem Jahr 1716, wo Scheuchzer eine Sage wiedergibt, die im ganzen Alpenraum bekannt ist und unter anderem als Blüemlisalp-Sage bezeichnet wird: «Clariden-Alp im Canton Uri: von welcher eine alte Sag bey den Einwohneren, das vor Zeiten die Sennen des Ohrts eine s. h.

Zweiter schneebedeckter Gipfel, links von der Buchmitte

Hur unterhalten und so zärtlich gewehnet, dass sie von dem Kässgaden in die Hütten über Käse gegangen und seye hergegen auf eine Zeit des Sennen arme Muter mit Milch und Schoten darunter Pferdharn gewesen, abgespiesen worden, welche darauf dem Sohn den Fluch angewünschet, der auch nicht ausgeblieben, und seye die Hütten mit allem so darinn gewesen von der Erden verschlungen und von denen nachgefallenen Steinen, die vor diesem fruchtbare Alp unbrauchbar worden. Ob diese Histori also von der Priesterschaft ersinnet worden, die Sennen in einem Christenlichen Leben zu unterhalten oder ob sie in der That also sich zugetragen, will ich nicht beurtheilen. Es erzehlte mit C.J.A. Priester im Schächenthal, er habe selbs in seiner Jugend kühner Weise dem verschlungenen Sennen auf der Stelle, da die Hütten gestanden geruffen, worauf zu seinem grossen Schreken die Erde in eine Erschütterung gerahten und die Steine hin und her bewegt worden, so das er darauf die Flucht genommen.»

Im Laufe der Forschungen begegne ich dieser Sage immer wieder. Entweder wird die saftige und ertragreiche Alp von einem Gletscher überfahren oder sie wird mit Geröll zugeschüttet. Der andere Unterschied findet sich aber dort, wo der Senn seiner Mutter etwas in die Milch schüttet: Auf der *Blüemlisalp* ist es Gülle, auf dem *Blau-Schnee*-Gletscher des *Säntis* ist es «Süügwäsch», und hier auf dem *Chlariden* ist es Rossharn.

Weiter scheint mir Scheuchzers ansatzweise Kritik interessant, dass diese Sage vom Pfarrer erfunden worden sei, um die Menschen gottesfürchtig zu halten. Für das Jahr 1716 sind das gewagte Aussagen. Doch wenn man weiss, dass sich Scheuchzer gerne mit den aufklärerischen Schriften von René Descartes befasst hat, ist solche Kritik als Baustein für die beginnende Skepsis gegenüber Kirche und Obrigkeitsstaat zu verstehen, die schliesslich am Ende jenes Jahrhunderts mit der Französischen Revolution ihren Höhepunkt fand.

Tödi Piz Russein, Glarus / Graubünden

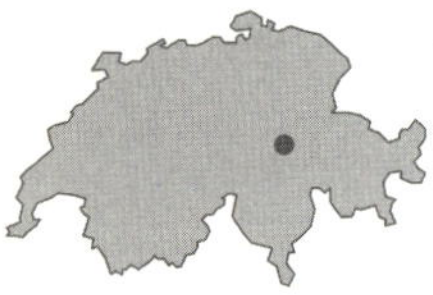

5000

3614 m ü. M.

0

Der *Tödi* ist das höchste vergletscherte Gebirgsmassiv der Nordostschweiz und hat als Grenzberg zwischen den Kantonen Graubünden und Glarus mit *Piz Russein* auch einen romanischen Namen. Die drei Gipfel des Berges heissen *Piz Russein* (Westgipfel, 3614 m ü. M.), *Glarner Tödi* (Ostgipfel, 3577 m ü. M.) und *Sandgipfel* (Nordgipfel, 3388 m ü. M.).

Andrea Schorta nennt den *Piz Russein* in seinem Rätischen Namenbuch *Tödi Grischun*. Er beschreibt ihn als «Bergspitze vor dem *Glarnertödi*, nicht so hoch und ohne Mühe zu besteigen». Die Erklärung für den *Tödi* ist eigentlich einfach: Es ist mundartlich *d Ödi*, 'die Öde.' Damit bezeichnet man in der Alpenwelt ein unproduktives Berggebiet. Durch Assimilation verschmolzen der bestimmte Artikel und das Substantiv zu einem einzigen Wort, das mit der Zeit nicht mehr verstanden wurde. Es kann sein, dass hier der Name eines unproduktiven Geländestücks einer Alp auf den höchsten umliegenden Berg übertragen wurde. Oder dass die vergletscherte Öde auf dem *Tödi* selbst damit gemeint war.

Johann Ulrich Hubschmied, der sich gerne des Keltischen bediente, machte einen Deutungsversuch auf der Grundlage eines gallischen Götternamens **Toudino, älter* **Teutino*, wie *Teutates* (uns heute bestens bekannt aus den Asterix-Comics) zu **teuta*, 'Volk'. Dieser Zusammenhang bleibt aber bis heute eher etwas vernebelt.

Der *Piz Russein* scheint seinen Namen von einem Seitental der Alpen in Sumvitg erhalten zu haben, das im Jahr 1461 erstmals urkundlich belegt ist: *alp in Russis*. Chasper Pult schlägt vor, *Russein* zu vorröm. **rosa*, 'Gletscher', zu stellen. Doch laut Schorta passt das stimmlose */s/* schlecht zu **rosa*. Andrea Schorta favorisiert eher eine Deutung von Carlo Battisti. Dieser leitet den verwandten Alpnamen *Russena* von einer vorrömischen Basis **ros-* 'col significato generale di erosione della roccia', also 'mit der allgemeinen Bedeutung von erodiertem Fels' ab.

Im Jahr 1906 stürzt eine Seilschaft am *Tödi* ab, wobei der Goldschmied Meinrad Inglin aus Schwyz stirbt. Er hinterlässt seine Frau Josephine und zwei Söhne, darunter den 13-jährigen Meinrad. Der Bergtod seines Vaters hat das Schaffen des preisgekrönten Innerschweizer Autors Meinrad Inglin massgeblich beeinflusst. Die Last dieses Todes trug der Schöpfer des «Schwarzen Tanner» zeit seines Lebens mit sich, und er versuchte, das Erlebte unter anderem in «Werner Amberg» zu verarbeiten: Es ist die Szene, wo Werner seine Alpferien abbrechen muss, weil ihn sein Vetter abholt. Zu zweit gehen sie zu Fuss den Berg hinunter Richtung Dorf: «Als wir aber auf dem steinigen Weg zum Wald hinauskamen und das Dorf unter uns liegen sahen, sagte er: «Werner, musst dich halt jetzt auf etwas Trauriges gefasst machen. Dein Vater ist mit ein paar Freunden auf einer Bergtour gewesen ... im Hochgebirge, weißt, wo man Glück oder Unglück haben kann ...» Ich ging schneller und schneller, um es nicht hören zu müssen. Er machte noch ein paar verlegene Andeutungen, dann verstummte er wieder. Wir kamen ins Dorf, die Leute blieben stehen und sahen mich an. Ich blickte starr vor mich hin und drängte weiter, um den Leuten aus den Augen zu kommen, und da trat zwischen den gewohnten andern Häusern unvertraut und beängstigend unser eigenes Haus hervor. Auf der steinernen Freitreppe hielt ich mich am Geländer, an der Haustreppe wollten mir die Knie versagen, ich stieg langsam hinauf und schlich verzweifelt in die Wohnstube. Die Mutter verlor bei meinem Anblick jede Fassung, sie stürzte mit einem schrecklichen Gesicht auf mich zu, riss mich an sich und schrie schluchzend: «Werner, du hast keinen Vater mehr.»

5000

3063 m ü.M.

0

Hoch Ducan

Graubünden

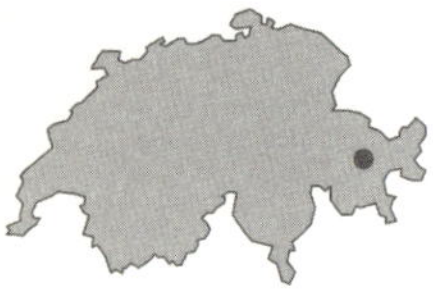

Der *Hoch Ducan* ist ein mächtiger Berg, der wie ein Riegel das Sertig, wie das Sertigtal genannt wird, abschliesst und teilweise auf Bergüner Boden steht. Daneben gibt es noch den *Chlein Ducan* (romanisch *Ducan Pitschen*, 3004 mü.M.) und den *Ducangletscher*, aus dem der *Ducanbach* durchs *Ducantal* fliesst.

Der Bündner Namenforscher Andrea Schorta und auch der Autor der 'Flurnamen der Landschaft Davos', Hans Laely-Meier, bringen denselben Deutungsvorschlag: Der Name *Hoch Ducan* soll eine Ableitung von lateinisch ***decanus***, 'Vorsteher', sein. Laely schreibt, dass «der 'Decanus' eigentlich der Vorsteher eines Pfarrkapitels» sei und sich der Begriff von der Bedeutung her weiter aufgefächert habe; so seien beispielsweise «in der Leventina die ***degagne*** (Decania) die alten Bauernschaften». Deshalb vermutet er, dass es sich um einen Begriff aus der alpwirtschaftlichen Organisation handelt, und stellt die Frage, ob vielleicht «frühere 'Weidgenossenschaften' im Besitz der Weidegebiete rund um den ***Hoch Ducan*** waren. Oder wurde dieser Gipfel als der höchste in der Runde einfach als Vorsteher bezeichnet?»

Der Name wirft noch weitere Fragen auf. Festzustellen ist auf jeden Fall, dass der Bach und der Gletscher denselben Namen tragen. Daraus kann man schliessen, dass es sich eventuell um einen Alpnamen handelt, der mit der Zeit auf den Gipfel übertragen wurde, der über der benannten Alp steht. Laut einem

lateinisch-deutschen Wörterbuch aus dem Jahr 1898 stammt der Begriff ***decanus*** aus der Militärsprache und mit dem Sinn 'der Vorgesetzte von zehn Mann', also von zehn Soldaten. Im Spätlateinischen wurde der Begriff ins Klerikale übertragen und damit der Vorsteher von zehn Mönchen oder der Oberste der Leichenträger bezeichnet.

Da bisher keine älteren Belege vorliegen, ist es schwierig zu sagen, ob der Name wirklich von ***decanus*** abgeleitet ist, zumal das Sertig ja von deutschsprachigen Walsern besiedelt worden ist. Auch die von Laely gestellte Frage, ob es allenfalls der Vorsteher einer Alpgenossenschaft war, den man so bezeichnet hat, kann hier nicht abschliessend beantwortet werden. Jedenfalls schreibt Walser-Experte und Namenforscher Paul Zinsli in seinem «Walser Volkstum», dass die Walser ihre Alpwirtschaftsbetriebe weit auseinander bauten, um individuell zu wirtschaften, sich aber genossenschaftlich organisierten. «Die Verbreitung dieser alpinen privaten betriebs- und genossenschaftlichen Besitzform, die meist, wenn auch nicht durchwegs, eine Einheit bildet, deckt sich in Graubünden fast ganz mit dem Bereich der heutigen oder ehemaligen Walserkolonien oder ist wenigstens einst für ihren ganzen Raum charakteristisch gewesen.» Diese Feststellung schliesst die Vermutung Laelys nicht aus. Das Geheimnis um den ***Hoch Ducan*** bleibt vorerst also ungelüftet.

5000

3294 m ü.M.

0

Muttler Graubünden

Zuunterst im Engadin zwischen Sent und Samnaun, schon fast an der Grenze zu Österreich, steht der *Muttler*. Der imposante, pyramidenförmige Berg liegt zuhinterst im Val Maisas auf der Gemeindegrenze zwischen Samnaun und dem Engadin.

Die bisherigen Deutungen kreisen alle um die Bezeichnung des abgestumpften Kegels, wie sich der Berg von der Engadiner Seite her präsentiert. Karl Jenal schlägt in seinem Buch «Die Orts- und Flurnamen der Gemeinde Samnaun» vor, dass es sich um eine Ableitung aus romanisch *muot*,'stumpf, abgestumpft', handelt, das sich aus vorrömischem *mutt*, 'stumpf, hornlos', entwickelt hat. Er schreibt weiter, dass in Samnaun «*muttlat, Muttla* heute noch als Appellativ, mit der Bedeutung 'stumpf, hornloses Tier'» gebraucht werde. Und «der Name *Muttler* (samn. mask. von *Muttla*) bezeichnet somit den stumpfen Bergkegel sachlich zutreffend».

Carl Täuber schlägt vor, dass es sich um ein «verdeutschtes romanisches Wort» handle und «eine ursprüngliche *Muttalla* von *motta* oder *mut*» (kuppenförmige Anhöhe) zugrunde liege. Namenforscher Johann Ulrich Hubschmied schliesst sich dieser Ansicht an und meint, der Berg sei wohl von den tirolerisch sprechenden Samnaunern benannt worden. Es liege eine deutsche Ableitung von rätoromanisch *muttella*, 'kleine Kuppe', vor. Und

weiter meint Täuber: «Rätisch *muot, motta* etc. bezeichnet eine abgerundete Kuppe. Daher schwzdt. *mutt* für 'rund, abgestumpft'». Dies vermutet auch Andrea Schorta in «Wie der Berg zu seinem Namen kam».

Interessant ist hier vielleicht noch, dass laut Sprachforscher Otto Frehner mit *Mutt(l)e*^{n} ein «zum Aufspeichern der Milch» dienendes Gefäss bezeichnet wird, mit «niedriger, aus Holzdauben gefügter Wandung, die durch Holzreife zusammengehalten wird» und selten seitliche Handgriffe habe. *Mutt* existierte in der althochdeutschen Sprache ebenfalls als Fachausdruck in der Bedeutung von 'Scheffel' und entwickelte sich im Mittelhochdeutschen zu *mütt(e), mutt(e)* weiter. Laut dem grimmschen Wörterbuch wird auch im bairischen Dialekt mit *Mutt* ein 'Scheffel' bezeichnet, was hier insofern relevant ist, als der Samnauner Dialekt ursprünglich bairisch ist. *Mutt* ist ein Lehnwort aus dem Lateinischen, abgeleitet von *modius*, 'Scheffel'. Es ist im etymologischen Wörterbuch deshalb als Fachausdruck bezeichnet, weil es einerseits bis ins 19. Jahrhundert weit verbreitet als Masseinheit diente – in Zürich brauchte man *Mütt* beispielsweise für 96,32 l Getreidekörner oder ca. 70 kg – und andererseits wie erwähnt in der Milchwirtschaft verwendet wurde.

Piz Palü Graubünden / Italien

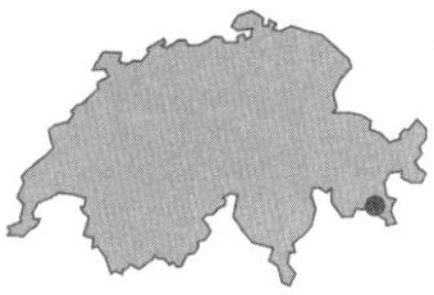

5000

3905 m ü.M.

0

Der *Piz Palü* hat seinen Namen von der *Alp Palü* erhalten. Dem Bestimmungswort *Palü* liegt lateinisch *palus*, 'Sumpf, Ried', zugrunde; es handelt sich hier also um die Benennung einer sumpfigen Alp.

Dass die Namengebung vom sumpfigen Gelände kommt, schrieb bereits Jane Freshfield (1814–1901), die als Mrs. Henry Freshfield unter dem Namen ihres Mannes publizierte. In ihrem Reisebericht «A Summer Tour in the Grisons and Italian Valleys of the Bernina» aus dem Jahr 1862 beschreibt sie die Szenerie vom Palü-Gletscher aus wie folgt: «The green meadows are said to have been left by the disappearance of an ancient lake, and from their swampy character is derived the name of the glacier – Palu being a swamp», 'Die grünen Wiesen sind angeblich nach dem Verschwinden eines früheren Sees übrig geblieben und daher sumpfig, woher der Name des Gletschers abgeleitet ist – Palü heisst Sumpf'. Angesteckt von den Erfahrungsberichten ihrer Landsleute aus den Alpen, reist auch Jane mit Mann und Sohn quer durch die Schweiz über Gletscher, Pässe und Seen. Ihre Touren führen sie von Luzern nach Stechelberg, von Elm über den Segnes-Pass; es folgen Piz Languard, Pontresina, Poschiavo, Flüela, Sertig, um nur einige ihrer Stationen zu nennen. Ihr Sohn, Douglas William Freshfield, holt sich laut einem Artikel

von Ursula Bauer bereits mit 16 Jahren seine erste Erstbesteigung (Sasso Nero beim Lago Palü) und wird einer der bekanntesten britischen Alpinisten.

In der Blütezeit des Alpinismus vollbrachten einige Frauen wie Jane Freshfield sportliche Höchstleistungen. Zum Beispiel bestieg die Liverpoolerin Lucy Walker am 22. August 1871 als erste Frau das Matterhorn und schnappte der Amerikanerin Meta Brevoort diesen Titel knapp weg. Meta Brevoort ihrerseits gehörte mit ihrem Neffen William Coolidge zu den ersten, die auch Winterbesteigungen machten. Ihren Bericht über die Besteigung des Bietschhorns publizierte die politisch engagierte Frau übrigens nicht unter ihrem eigenen Namen im «Alpine Journal», dem Magazin des britischen «Alpine Club», sondern unter dem Namen ihres Neffen. Weshalb die Alpinistinnen ihre Texte nicht unter dem eigenen Namen veröffentlichten, ist heute unklar.

Übrigens, Erstbesteiger des *Piz Palü* sollen am 12. August 1835 Professor Oswald Heer, der Begründer der Pflanzengeografie in den Alpen, Gian Marchet Colani, der bekannte Gämsjäger und «König der Bernina», und der Führer Johann Madutz gewesen sein. In der Literatur ist man sich allerdings nicht sicher darüber, ob sie den Hauptgipfel oder nur den Ostgipfel des dreizinkigen *Piz Palü* erreicht haben.

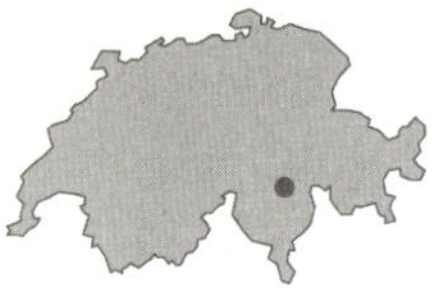

5000

2445 m ü. M.

0

Pizzo Colombe

Tessin

Der *Pizzo Colombe* und der gleichnamige *Passo delle Colombe* liegen zwischen der Leventina und dem Bleniotal. Der Gipfel hat noch einen zweiten Namen, *Campanitt*. Es scheint sich dabei um den Namen zu handeln, mit dem die Einwohner des Bleniotals den Gipfel benennen.

Pizzo Colombe ist laut den Tessiner Namenforschern ein sehr alter Name für einen Berg. In den mittelalterlichen Belegen heisst er *Sassum Corombum*, de *Saxo Corumbo* (1225). In Quinto sagt man auch *Pizz di Columb*, und im Bleniotal nennt man ihn, wie schon erwähnt, *Pizz di Campanitt*. Der Grund für die Benennung könnte sich laut Giuseppe Brenna in der Besonderheit der Bergform oder in der Farbe des Gesteins finden. Es kann aber auch sein, dass in dieser Gegend oder in der nächsten Siedlung eine Art wilder Tauben vorgekommen ist. Im Zusammenhang mit der Namendeutung ist vielleicht noch die leventinische Sage vom heiligen Carlo zu erwähnen: Als San Carlo auf seinem Weg das Bleniotal erreichte, berührte der Sonnenuntergang bereits den Horizont. Zwischen Ritom und Cadagno war er so müde, dass er in einen tiefen Schlaf fiel. Nach der Sage setzte sich «eine Schar Tauben in seine Nähe. Sie hoben ihn hoch und setzten ihn auf den Gipfel im Valle del Sole, wo er mit Ungeduld von einer Menge Gläubigen erwartet wurde.»

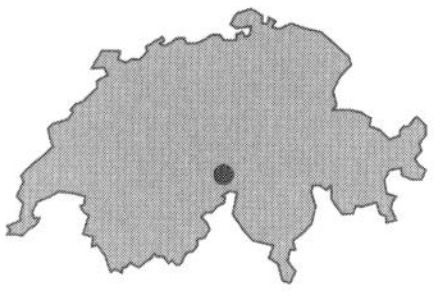

5000

2764 m ü.M.

0

Sidelhorn Wallis / Bern

«Wie ich nun so über die Abgründe hinabgeklettert, den Fuss des Hornes erreicht hatte, sah ich in mehrern Felsrissen und Schlünden Knochen, die bei der Untersuchung alle als Menschenknochen sich ergaben. Oft fand ich in einer nur kleinen Kluft Reste von mehrern zu Grunde gegangenen Menschen. Bald entdeckte ich auch Reste von Kleidern, Riemen, Flintenkolben, zerrosteten Waffen aller Art, wovon eine noch ganz erhalten, und scharf noch geladen war. Diese nahm ich mit. Die ganze Erscheinung war Anfangs mir sehr auffallend; allein der Grund gab sich bald. In jenen Revolutionskriegen von 1799 hatten die Oestreicher die Höhe des Grimseljoches um den Todtensee besetzt, und den Spittel bis auf die leeren Mauern abgebrochen und hinaufgetragen. Umsonst suchte General Lecourbe den Posten vom Thale zu erstürmen. Ein gewisser Nägeli aus Guttannen, erzählt man, erbot sich endlich, die Franzosen durch das Gebirg zu führen, wenn dann die eroberte Alp sein Eigenthum würde. Er erhielt das Versprechen, und eine kleine Anzahl Krieger erstieg so vom Haslethal aus unter dem Döltihorn den höchsten Grat, zog diesem entlang, und erschien plötzlich im Rücken der Oestreicher auf der Grimselhöhe. Diese, erschreckt, zogen nicht etwa zurück an das weit höhere Siedelhorn, sondern in voller Flucht, die Waffen wegwerfend, unter selbem hin gegen den Oberaargletscher. Auf der Flucht stürzte eine Menge in jene Abgründe, andere giengen auf dem Gletscher zu Grunde, und ein kleiner Rest ergab sich. Erwähnter Führer der Franzosen blieb so arm, als er vorher war. Jener Grat aber heisst nun Nägelisgrätli.»

So schildert der Gletscherforscher Franz Josef Hugi in seiner «Naturhistorischen Alpenreise» aus dem Jahr 1830 den Aufstieg auf das *Sidelhorn*, nur 30 Jahre nachdem die Schweizer Alpgebirge Kriegsschauplatz europäischer Heere waren.

Das *Sidelhorn* hat seinen Namen wahrscheinlich von einer Alp unterhalb des Gipfels erhalten. Das Bestimmungswort kann zu mittelhochdeutsch *sidel, sidele*, 'Sitz, Sessel, Bank (mit Polstern)', gestellt werden. Nach dem Wörterbuch der Brüder Grimm ist es eine Weiterentwicklung aus dem althochdeutschen *sidella, sidilla, sidila* in der Bedeutung von 'Sitz, Stuhl, Bank'. Daraus ist auch das neuhochdeutsche Wort *Siedlung* entstanden. Die Brüder Grimm schreiben: «zuweilen, doch nur ganz vereinzelt, hat *siedel* auch die weitere bedeutung von 'sitz, wohnung, aufenthalt, wohnhaus'. so schon ahd. *sedila* casulam, nhd. *siedel* etiam est possessio et habitatio… 'ein wohnhaus auf dem lande mit den dazu gehörigen grundstücken', ein landgut, landsitz; auch noch im oberdeutschen. vgl. auch nd. sédel, sétel, sitz, wohnort. hê hed hîr sîn sédel». Man kann also davon ausgehen, dass hier die seltenere Bezeichnung des Wohnsitzes zugrunde liegt. Damit könnten es die Häuser auf der Grimsel oder die Sennhütten gewesen sein, die dem darüberliegenenden *Sidelhorn* seinen Namen gegeben haben.

Als ursprüngliches Bestimmungswort eher nicht in Frage kommt *Seidel*, 'Bierglas, altes Mass', auch wenn der Eintrag im Meyer'schen Atlas aus dem Jahr 1800 so lautet: *Seidelhorn*. Dieser Beleg ist wohl eher in der im 19. Jahrhundert aufkommenden Tradition der hyperkorrigierenden Schreibweise von Namen begründet, wodurch aus *Siedel-* nun *Seidel-* wurde.

Niesen Bern

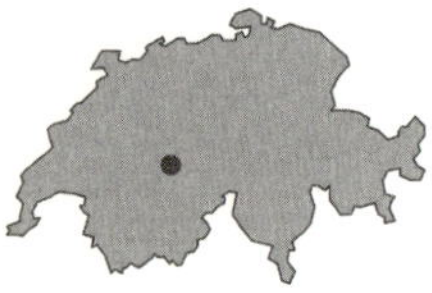

5000

2362 m ü.M.

0

Der *Niesen* hat schon einige Berühmtheiten geschultert: Otto von Bismarck, der erste Reichskanzler des Deutschen Reiches; Kaiser Wilhelm II., der letzte deutsche Kaiser, und der Hamburger Komponist Johannes Brahms bestiegen alle den *Niesen*, als es noch keine Seilbahn, dafür aber Fuhrhaltereien gab, die Maultiere und Tragstuhltransport anboten. Ein Sänftentransport kostete damals übrigens 8 Schweizer Franken. Und heute – Jahrhunderte nach dem ersten Versuch einer Deutung des rätselhaften Bergnamens – scheint das Geheimnis gelüftet. Der Namenforscher Thomas Schneider bringt eine neue Erklärung, die noch Überraschungen bereithält. Der *Niesen* ist nicht zuletzt dank einer einzigartigen Belegreihe so interessant, die die Veränderlichkeit eines Bergnamens über die Jahrhunderte verdeutlicht:

1352: *daz guot im Stoki under dem Miesen*
1357–1360: *der von Mulibach gemeinu lehen ein vierteil an yesen*
1360: *mit namen des guetes im stokki Vnder dem yesen*
1498: *uff dem ÿesen*
1500: *uff dem yesen*
1540: *obsich an denn Jessen*
1543: *unden am Niessen*
1553: der Berg *Eissen*
1561: *Stocc-Hornii et Nessi in Bernatium*
1561, 1747 (Aretius und Lexikon Leu): *Vertex summus ferini Andreae nomen habet, Zum wilden Andres.*
1606: *dess Niesens und Stockhorns*
1758, Lexikon Leu: *Niesen, Niessen, auch jesen. Latein Nesus, Nessus: Ein hoher Berg.*
1784: *der Iesen*
1788: *auf dem Berg Niesen,*
1878: *Niesen*
2006, LK: *Niesen*

Der *Niesen* hat Namensverwandte, zum Beispiel in der Nähe den Berg *Hohniesen*, weiter hinten im Engstligental, dann eine bewaldete Anhöhe, die *Niesen* heisst, und eine Alpweide und einen Wald, die ebenfalls den Namen *Niesen* tragen. Dann den *Schafniesen*, eine grasbewachsene Schafwiese am *Niesehorn*. Nicht sicher ist, ob die aufgezählten *Niesen*-Namen alle denselben Ursprung haben, denn es gibt verschiedene Möglichkeiten, auf diesen Namen zu kommen. Geländeformen und Pflanzennamen kommen genauso in Frage wie Personennamen.

Der älteste Beleg, *Miesen*, scheint laut Thomas Schneider ein Verschreiber zu sein, *Yesen/Jesen* kann deshalb als ursprüngliche Form angesehen werden. Lange ging man davon aus, dass dem *Niesen* ein Pflanzenname zugrunde liege. Als Erster hat Benedikt Marti, genannt Aretius, im Jahr 1557 einen Zusammenhang zwischen dem Bergnamen *Niesen* und der *Nieswurz* hergestellt. Übrigens ritzte er im selben Jahr diesen Spruch in eine Schieferplatte: *Amor Alpium optimus*, 'Die Liebe zu den Alpen ist die beste'. Ob gebrochenes Herz oder schiere Unfassbarkeit des wunderbaren Alpenpanoramas zu diesem poetischen Wort antrieben – wir kennen seine Motivation nicht.

Seine volksetymologisch geprägte Namendeutung wurde von Namenforscher Johann Ulrich Hubschmied auf den gelben Enzian übertragen. Laut Schneider ist aber der Vorschlag, die zwischen 14. und 18. Jahrhundert belegte Form *Yesen* sei auf eine alte Bezeichnung des Enzians zurückzuführen, nicht haltbar.

Heute ist sicher: Es handelt sich auch hier um einen Alpnamen, der offenbar um die Mitte des 16. Jahrhunderts auf den Gipfel übertragen wurde. Schneider schlägt für unseren Bergnamen vor, dass der ursprüngliche Alpname auf den Personennamen *Niesso, Niesse* zurückzuführen sei, der im Kanton Bern seit dem 14. Jahrhundert bezeugt ist, unter anderem für einen Burger von Bern (1336: *Chu°nrad Niesso*). Mit dem Personennamen kann der Besitzer oder der Nutzer einer Alp gemeint sein. Den gleichen Vorgang können wir bei der Benennung von *Säntis* und *Titlis* beobachten.

Eine Frage stellt sich noch: Was ist mit dem Beleg aus dem Jahr 1561, dem *Wilden Andres*? Schneider schreibt dazu, dass der *Niesen* bis Mitte des 16. Jahrhunderts den Namen *Zum wilden Andreas* getragen habe. Vielleicht nach einer ehemaligen, dem hl. Andreas geweihten Kapelle. Und auch die Simmentaler nannten den *Niesen* anders. Für sie war er der *Stalden*, was so viel wie 'steiler Abhang' heisst, nach der Alp *Stalden*, die heute noch diesen Namen trägt.

Und, ach ja, ein ganz anderes Geheimnis hat der Berg ebenso inzwischen gelüftet. Man sagt, *der Niesen* sei gelöchert wie ein Emmentaler Käse. Denn im Innern des Berges befinden sich militärische Bauten. Die sind ja jetzt nicht mehr geheim, und nun ist klar, weshalb die im Jahr 1910 gebaute Seilbahn auch im Winter auf den *Niesen* fuhr – das geschah auf Geheiss und Kosten der Eidgenossenschaft.

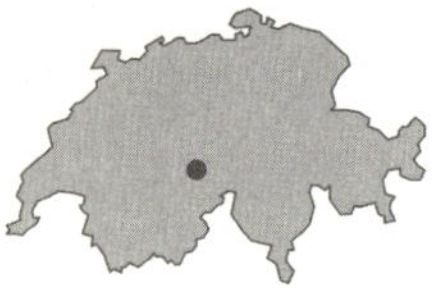

5000

3970 m ü.M.

0

Eiger Bern

Da gibt es eine Geschichte, die uns Grossvater jeweils vom *Eiger* erzählte: Zusammen mit dem bekannten Wengener Skistar und Bergführer Karl Molitor und zwei weiteren Gästen war die Seilschaft frühmorgens von der Mittellegihütte zum Gipfel des *Eigers* aufgebrochen. Als die Sonne aufging, wurde einem der Gäste endgültig klar, dass der Mittellegigrat gerade einmal einen Fuss breit ist und es auf der rechten Seite über tausend Meter senkrecht nach Grindelwald hinunter geht. Von der Angst gepackt, kroch der gepeinigte Gast schliesslich auf allen Vieren über den Firn hoch. Da meinte Molitor: «Sie können ruhig aufrecht gehen, hier oben stossen Sie sich nirgends den Kopf!»

Und da gibt es noch diese andere Geschichte, die uns Grossvater danach erzählte. Die vom Tod am Berg. Und von der Faszination der Eiger-Nordwand, der als eine der ersten die vom Schicksal zusammengesetzte Seilschaft mit dem Deutschen Toni Kurz zum Opfer gefallen ist. Ganz in der Nähe des Stollenlochs in der Nordwand, dem Einstieg in den rettenden Tunnel der Jungfraubahn, geschieht das Unfassbare: Das Seil ist zu kurz, weil es Toni mit dem durch den Sturz strangulierten Angerer abschneiden muss, um sich zu retten. In der Verzweiflung versuchen die Retter das Unmögliche: Im Sturm unter lebensgefährlichen Bedingungen und bei Temperaturen unter dem Gefrierpunkt knüpfen die Retter zwei Seile zusammen. Toni Kurz gleitet langsam wenige Meter hinunter – bis zum Knoten der beiden Seile. Erschöpft vom Überlebenskampf, versucht er mit erfrorenen Fingern den Knoten durch den Karabiner zu drücken. Es gelingt ihm nicht. Er stirbt wenige Meter über der Rettungskolonne. Der dramatische Rettungsversuch wurde zum Symbol der Unbezwingbarkeit dieser unberechenbaren Nordwand – bis zwei Jahre nach dem Drama, als im Juli 1938 den Deutschen Anderl Heckmair und Ludwig Vörg sowie den Österreichern Heinrich Harrer und Fritz Kasparek in vier Tagen der Durchstieg glückte.

Eiger ist für einen Bergnamen schon früh belegt. Bereits im Jahr 1252 heisst es in einer Urkunde: *Mons qui nominatur Egere,*

Links: Eiger Nordwand | Rechts: Mönch

'Berg, der *Egere* genannt wird'. Und 1525 findet man einen Beleg, der den Grenzverlauf beschreibt: *Das Gut Zen Trogen stösst obsich an Eÿger an berg, vnden an die Lütschinen.* Der Zürcher Romanist und Keltenliebhaber Johann Ulrich Hubschmied versuchte sich 1943 mit einer Deutung, der ein Personenname **Agiger* zugrunde liegt. Dieser Name wurde laut Hubschmied zu *Aiger* und gab einer Alp unterhalb des Eigers den Namen im Sinne von **Aiger Berg* oder **Aiger Alp*. Denn mit *Berg* als Flurname wird in der Älplersprache nicht das Massiv, sondern die Alp bezeichnet.

Eine weitere These geht vom Flurnamen *Eigen* für ein 'freies, eigenes Gut' aus, den es auch im Gebiet von Grindelwald gibt. Damit wäre dann 'der zum *Eigen* gehörige Berg' gemeint. Wobei allerdings das stammhafte *-n* des Adjektivs einen Wandel zu *-r* nicht zuliesse.

Nach den oben diskutierten Deutungsmöglichkeiten kommt das Berner Namenbuch zum Schluss, der Name sei höchstwahrscheinlich verhältnismässig spät von einem darunterliegenden, *Eiger* genannten Bergweidegebiet aus auf den Gipfel übertragen worden. Der Schluss wird deshalb gezogen, weil die Benennung auch bei den Topografen nicht eindeutig ist: *Eiger oder Heiger* (Gruner, 1760). Aus dieser Namenvariante wurde dann die volksetymologische Deutung entwickelt, dass der Name ursprünglich *Hej Geer* heisse, was in etwa 'Hohe Spitze' bedeuten soll.

Interessant ist, dass offenbar im Rheinland eine Namengleichung *Eiger* vorkommt, und zwar ist das ein Dorf mit 124 Einwohnern. Mit historischen Belegen aus den Jahren 1119 *Egere* und 1157 *Eigere*, 1578 *uv dem Eger*. Doch die betreffenden Namenforscher notieren in ihrem Aufsatz: «Ursprung und Bedeutung noch ungeklärt.» Da es bis jetzt nicht gelungen ist, eine überzeugende Deutung für unseren Bergnamen zu finden, kann vielleicht auf der Spur des rheinischen *Eiger* zu einer möglichen Lösung gefunden werden.

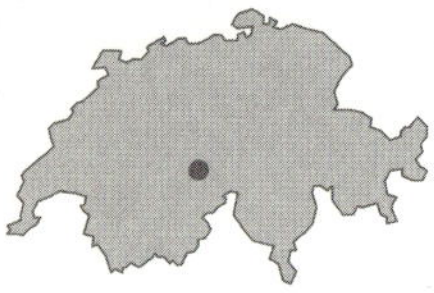

5000

4107 m ü.M.

0

Mönch Wallis / Bern

Eiger, Mönch und Jungfrau – nur in genau dieser Kombination rufen die drei Namen ein ganzes Repertoire von Bergsteigerdramen, Touristenattraktion und Alpenromantik in der geistigen Bibliothek auf. Durch den Sammelnamen musste der mittlere Gipfel des weltbekannten Berner Dreigestirns denn auch um seine Identität kämpfen. Dafür emanzipierte er sich vom Eiger, was offenbar nicht so einfach war. Denn obwohl die erste urkundliche Nennung von 1620 *der Muͤnch* lautete, wurde er noch bis weit ins 19. Jahrhundert *Eigers Schneeberg, Hinterer Eiger, Kleiner Eiger* oder *Inner Eiger* genannt. Später dann *grosser Münch, Weissmönch* oder *Gross-Mönch*. Und als ob das nicht für eine Identitätskrise reichen würde, rätselten die Kartografen und Vermesser jahrhundertelang über seine wirkliche Höhe – aber dazu später.

Anders als beim *Eiger* sind die beiden anderen Namen relativ jung, wobei man bei der ältesten Erwähnung des *Mönchs* laut Berner Namenbuch nicht ganz sicher ist, ob der in der Nähe liegende *Schwarzmönch* gemeint ist. Der *Schwarzmönch* ragt im Lauterbrunnental steil auf und hat auffällig dunkle Flanken, wodurch er sich deutlich von unserem ganzjährig in Weiss erscheinenden *Mönch* abhebt.

Dass die früheren Namen des *Mönchs* im Zusammenhang mit dem *Eiger* stehen, lässt sich dadurch erklären, dass der *Eiger* bereits im 13. Jahrhundert seinen Namen erhalten hat und damit auch als geografischer Orientierungspunkt diente. Dass sich dann der *Mönch* als eigenständiger Name durchsetzen konnte, wird dem aufkommenden Tourismus zugeschrieben. Scherzhaft wird dadurch zum Ausdruck gebracht, dass für den *Mönch* die *Jungfrau* unerreichbar ist. Oder vielleicht wurde der *Mönch* als Behüter der *Jungfrau* zu Seite gestellt, damit sich der *Eiger* nicht über sie hermacht?

Das Berner Namenbuch erwähnt auch die Möglichkeit eines Alpnamens, der auf den Berg gestiegen sein könnte. *Münch* hat laut Schweizerdeutschem Wörterbuch die Bedeutung eines männlichen Tiers, woraus der Name **Münchenberg*, für eine Alp zur Wallachsömmerung, entstanden sein könnte. Eine Verkürzung dieses Alpnamens würde schliesslich als *Münch* oder eben

Mönch verbleiben. Diese These ist angesichts der vorliegenden Belege aber eher unwahrscheinlich.

Aufklärerische und demokratische Schriften brachten den Genfer Jacques-Barthélemy Micheli du Crest als politischen Gefangenen 1749 ins Gefängnis der Festung Aarburg im damals bernischen Aargau. Von dort aus versuchte der Ingenieur als Erster, die Höhe des *Mönchs* zu ermitteln, und zwar mit Hilfe einer gigantischen Wasserwaage, wie man in der Zeitschrift *Cartographica Helvetica* nachlesen kann. Mit dieser äusserst einfachen Methode kam er auf eine Höhe von 2482 Toisen (4837 m ü. M.), womit der *Mönch* den *Mont Blanc* noch um 30 m übertroffen hätte. Nach diesem einfachen Versuch aus dem Jahr 1754 wagte sich als Nächster der Berner Universitätsprofessor Johann Georg Tralles 1788 an die Vermessung. Er benützte das trigonometrische Verfahren, das später auch der Dufourkarte zugrunde liegen sollte. Tralles, der seine Messungen auf das Niveau des Thunersees bezog, kam auf eine Höhe des *Mönchs* von 12'666 Fuss (4114 m ü. M.), womit er bis auf 7 m auf den heutigen Wert herankam. Der Knonauer Ingenieur Johann Jakob Frey vermass den *Mönch* für die Berner Kantonskarte und kam dabei sogar auf drei verschiedene Resultate: 4105 m ü. M., 4103 m ü. M. und 4113 m ü. M., alle im Jahr 1816 festgestellt. 1852 veröffentlichte der Geodät der Dufourkarte, Johannes Eschmann, die «Ergebnisse der trigonometrischen Vermessungen in der Schweiz». Darin wird der *Mönch* als Triangulationspunkt dritter Ordnung mit einer Höhe von 3976 m ü. M. angegeben. Vom Messtisch aus vermass Johann Rudolf Stengel, der ebenfalls an der Entwicklung der Dufourkarte beteiligt war, im Jahr 1851 den *Mönch* und kam auf einen Wert von 4096 m ü. M. Laut dem Autor des Artikels in der Cartographica Helvetica, Kartograf Martin Rickenbacher, ist auf dem Original-Messtischblatt aber eine Höhe von 4104 m ü. M. eingetragen. In der ersten Hälfte des 20. Jahrhunderts versuchten die Kartografen mithilfe «terrestrischer Photogrammetrie», also anhand von Fotografien, eine weitere Höhenbestimmung am *Mönch*. Das Resultat wurde mit der Erstausgabe des Blattes *Jungfrau* (Massstab 1 : 50 000) von 1938 publiziert: 4099 m ü. M. Erst 1993 wurde der heutige Wert von 4107 m ü. M. auf der Landeskarte 1 : 25 000 (Blatt *Finsteraarhorn*) erstmals veröffentlicht.

Jungfrau Wallis / Bern

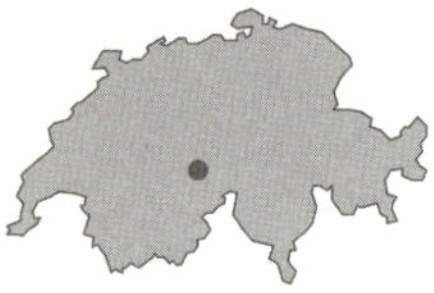

5000

4158 m ü.M.

0

Die Faszination der Erforschung des Berner Dreigestirns erfasste die Forschergilde zu Beginn des 19. Jahrhunderts mit voller Wucht. Im Zuge dieser Begeisterung entstand eine hübsche Sequenz aus der Feder von Johann Gottfried Ebel, der im Jahr 1810 im dritten Teil seiner «Anleitung, auf die nützlichste und die genussvollste Art, die Schweitz zu bereisen» schrieb: «JUNGFRAU*), der schönste, prächtigste, ausserordentlichste, stets mit einem Schneemantel umhüllte, und mit schrecklichen Abgründen und scheusslichen Felswänden umgebene Gebirgsstock in der nördlichen Flöz-Kalksteinkette der Alpen, erhebt sich aus dem *Lauterbrunn*-Thal im K. Bern zu einer Höhe von 12852 F. übers Meer nach H. Prof. Tralles trigonometrischer Messung. – *) Wahrscheinlich vom Celtischen *Jun-frau*, ein Ort, von dem Wasser herabfliesst.» Und Gottlieb Studer ergänzte 1850 in seinem «Panorama von Bern», der Name scheine «jedoch neueren Ursprungs zu sein, und sollte sowohl die schöne Form als die vermeintliche Unbesteigbarkeit des Berges bezeichnen».

Das Rätselraten um den Namen begann früh, wie Ebels Ausführungen zeigen. Sein wortgewaltiger Beschrieb zeugt von der imposanten Gestalt unserer Berner Oberländerin. Und in der Tat: Weiss und stolz, mit etwas ausladendem Hinterteil, aber meist mit einem freundlichen Ausdruck steht sie da, die *Jungfrau*. Und bildet zusammen mit Eiger und Mönch das markanteste Dreigestirn der Welt. Auch wenn Ebel mit seiner *Jun-frau*-These einen Abstecher ins Keltische wagte und Studer an ihre Unbesteigbarkeit glaubte – es sieht noch immer danach aus, dass die *Jungfrau* vom Alpbesitz der Jungfrauen des Frauenklosters Interlaken am Fuss des Massivs ihren Namen erhalten hat.

Das Frauenkloster Interlaken wurde 1257 erstmals erwähnt und war in einen Männerkonvent eingegliedert, der über viele, weit verteilte Ländereien verfügte. Das Frauenkloster stand dem Konvent in Sachen Landbesitz in nichts nach, denn die zeitweise über 300 Schwestern zählende und durchaus adlige Gemeinschaft konnte auf grosszügige Mitgift zählen. Doch die Klagen über den Nonnen vorenthaltene Einkünfte der Mönche und die schlechte Behandlung der Klosterfrauen nahmen im Lauf des 15. Jahrhunderts zu. Abgeordnete, Chorherren und Richter der Bischofskirche Lausanne fanden sich schliesslich in Interlaken ein, um sich die Ursache des Zwists anzuhören. Doch was er vorfand, übertraf Chorherr Philipp de Compesios Vorstellungen: «Die Zwietracht innerhalb der Klostermauern habe ich noch ärger vorgefunden als erwartet.» Als dann 1479 auch noch das Klostergebäude infolge einer Unachtsamkeit abbrannte, beantragte Bern in Rom die Aufhebung des Frauenklosters. Am 24. Dezember 1484 wurde die Aufhebung mit päpstlicher Bulle durch Innozenz VIII. verfügt, und zwar «wegen eingerissener Unordnung und Sittenlosigkeit der Frauen daselbst, und weil dasselbe durch ihre Nachlässigkeit in Zeit von zwölf Jahren zweimal abgebrannt, die Zahl der Nonnen auf acht oder neun herabgesunken und weil auch keine Hoffnung sei, dass sich ferner jemand werde aufnehmen lassen». Die Güter des aufgelösten Klosters gingen an das neu gegründete Stift St. Vincenz in Bern und damit auch die Alp *Jungfrauenberg*, die Namengeberin für unseren Berg gewesen sein soll.

Vielleicht bleibt ja unsere *Jungfrau* nur für den *Mönch* unbesteigbar? – Eine gegenseitige Beeinflussung der beiden Berge durch Volksetymologie und humoristischem Hintergrund ist in dieser Namengebung ebenfalls durchaus denkbar.

Lauteraarhorn Bern

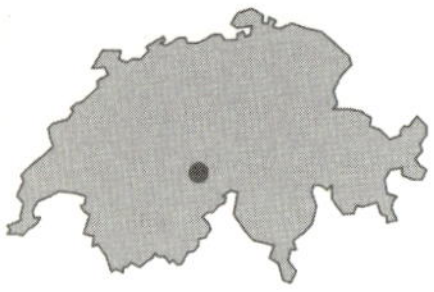

5000

4042 m ü.M.

0

Gletscher haben manchmal Flussnamen, denn die Flüsse durchfliessen nach dem Rückzug der Gletscher die durch diese geschaffenen Täler. Der *Lauteraargletscher* hat so seinen Namen von der *Lauteraar*. Und weil der Gletscher auf der Nordostflanke des in die Spitze laufenden Berggipfels einen Teil seines Nährgebietes hat, bekam er den Namen *Lauteraarhorn*. Der Überprüfung, ob die Namengebung *Horn* auch wirklich zutrifft, hält das *Lauteraarhorn* problemlos stand. Es sticht wie sein Verwandter, das *Finsteraarhorn*, richtiggehend aus dem schroffen Massiv hervor und überragt seine Nachbarn deutlich.

Die mundartliche Aussprache ***Luteraarhorn*** bringt uns auf die Spur der richtigen Namendeutung. Mittelhochdeutsch ***luter*** bedeutet 'durchsichtig, durchscheinend' und wird oft im Zusammenhang mit Wasser benutzt. Auch heute ist das Wort noch im lebendigen Wortschatz anzutreffen, wie ich kürzlich feststellte. Dann zum Beispiel, wenn mein Nachbar vom Bauernhof nebenan im Zusammenhang mit Schnapsbrennen die Bedeutung von ***luterem Schnaps*** erklärt, der eben schön durchsichtig sein muss. Wasser ist es auch, was bei der ***Lauteraar*** bezeichnet wird, denn alle ***-aa(r)***-Namen haben etwas mit Fliessgewässern zu tun, wie man beim ***Finsteraarhorn*** nachlesen kann. ***Lauteraar*** bedeutet also 'heller Fluss'. Die Ortsnamen ***Lauterbrunnen*** (BE) und ***Luterbach*** (SO) gehen auf dieselbe Bedeutung zurück. Interessant ist, dass die ***Lauteraar*** der ***Finsteraar***, also dem 'dunklen Fluss', sozusagen gegenübergestellt ist, was ein stark verbreitetes Motiv der Namengebung zeigt: Unterschiede von scheinbar gleichen Dingen wurden gerne herausgearbeitet und mit einem Namen festgemacht. Wenn man die Flugaufnahme der beiden Gletscher

Lauteraarhorn rechts vor dem aufgehenden Vollmond | Links: Schreckhorn

betrachtet, kann man durchaus feststellen, dass der *Finsteraargletscher* tatsächlich mehr Moränenschutt mitführt als der *Lauteraargletscher* und dadurch eine dunklere Erscheinung hat. Der *Lauteraargletscher* und der *Finsteraargletscher* fliessen schliesslich im *Unteraargletscher* zusammen, der den Grimselsee nährt. Südlich des *Unteraargletschers*, durch das *Escherhorn* abgetrennt, liegt der *Oberaargletscher*, der in den Oberaarsee mündet.

Das *Lauteraarhorn* wurde am 8. August 1842 von Christian Girard, Arnold Escher von der Linth, den beiden Bergführern Melchior Bannholzer und Jakob Leuthold und Pierre Jean Edouard Desor erstmals bestiegen. Klingende Namen finden sich in dieser Seilschaft: Desor war zu seiner Zeit ein sehr bekannter Gletscherforscher. Er war es, der dem *Agassizhorn* zu seinem Namen verhalf. Nach ihm benannt ist der *Desorstock*, der sich ebenfalls im Aletschgebiet befindet. Arnold Escher von der Linth war der Sohn des bereits damals berühmten Linthkanal-Ingenieurs Conrad Escher und wie sein Vater ebenfalls Geologe. Auch dieser kann sich lückenlos in die Reihe der Bergnamengeber in der Umgebung einfügen: Das *Escherhorn* ist von Louis Agassiz nach Conrad Escher benannt worden. Nach dem Tod Conrad Eschers 1823 beschloss die Zürcher Regierung, ihm und seinen männlichen Nachkommen den Ehrennamen Escher von der Linth zu erteilen. Da Arnold Escher von der Linth kinderlos blieb, starb der Zusatz aber bereits mit ihm aus.

Arnold war ein ausgezeichneter Geologe, der unter anderem zu den Vätern der Alpentektonik gehörte. Die Alpentektonik setzt sich grob gesagt mit der Entstehung der Alpen, ihren verschiedenen Gesteinsschichten, deren Faltung und den tektonischen Vorgängen auseinander. Der uns wohl bekannteste Alpentektonik-Forscher war Albert Heim (1849–1937).

Finsteraarhorn Bern

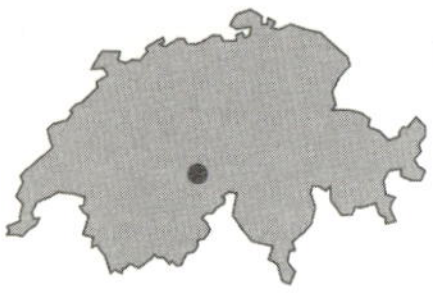

5000

4274 m ü.M.

0

Ob sich die Dreierseilschaft mit Arnold Abbühl, Joseph Bortis und Alois Volker am 16. August 1812 tatsächlich auf dem *Finsteraarhorn* zur ersten Gipfelbesteigung gratuliert und gegenseitig auf die Schultern geklopft hat, ist nicht ganz sicher. Auf jeden Fall wäre es eine der ersten Besteigungen eines Gipfels dieses Schwierigkeitsgrades gewesen. Was aber sicher ist: Am 10. August 1829 erreichten die beiden Haslitaler Bergführer Jakob Leuthold und Johann Währen den Gipfel. Es war noch vor der Zeit, in der sich internationale Seilschaften Wettkämpfe um die Erstbesteigungen lieferten. Und eigentlich hätte ein Dritter auf dem Gipfel stehen sollen, der Anstifter zu dieser Bergfahrt: der Grenchner Gletscherforscher Franz Joseph Hugi. Wegen einer Fussverletzung musste er jedoch 200 m vor dem Gipfel auf einem Geländesattel auf seine Führer warten. Seither wird dieser Übergang *Hugisattel* genannt. Das ebenfalls nach ihm benannte *Hugihorn* in der Nähe hat seinen Namen etwas später erhalten, wie beim *Agassizhorn* nachzulesen ist.

Das *Finsteraarhorn*, der höchste Gipfel der Berner Alpen, hat seinen Namen von tief unten: Vom kleinen Flüsschen *Finsteraar* ist der Name über den *Finsteraargletscher* hinauf auf den Gipfel gewandert. Die *finstere Aar* bedeutet etwa so viel wie der *dunkle Fluss* und hebt sich damit von der benachbarten *Lauteraar*, also dem *hellen Fluss*, ab. Es ist ein auffallendes Namenquartett in diesem Gletscherlabyrinth, dem wohl bei der Benennung der Gedanke der Orientierungshilfe zugrunde gelegen hat: *Oberaar-*, *Unteraar-*, *Finsteraar-* und *Lauteraar-*.

Namen mit dem Grundwort *-aa(r)* enthalten das vordeutsche Appellativ für Fliessgewässer und sind weiblich. Ihm zugrunde liegt das germanische Grundwort **ahwo*, 'Wasser', das sich im Althochdeutschen zu *aha* weiterentwickelte. Heute erscheint es als *-ach*, (*-ig*), *-a*, *-e* oder ist geschwunden, d. h. wurde im Laufe der Zeit weggelassen. Ebenso ist mit der Zeit die Bedeutung der Bezeichnung *Aa* aus dem kollektiven Gedächtnis verschwunden (siehe z. B. den *Aabach* bei Hallwil AG, was so viel wie *Bachbach* heisst), obwohl sie als Fliessgewässerbezeichnung im deutschsprachigen Raum weit verbreitet ist, wie viele Beispiele zeigen: *Muota* (SZ), *Engelberger Aa* (OW), *Aare* (BE) und *Lonza* (VS). Was im Bernbiet mit *Aar* benannt ist, wird an der Nordschweizer Grenze und im süddeutschen Raum mit *Aach* bezeichnet.

Es ist das typische germanische Flussnamen-Grundwort, das von Island, Skandinavien und England bis über den gesamten festländisch-germanischen Bereich hin als Grundwort bei der Namenbildung verwendet wurde. Diese Verwandtschaft von europäischen Gewässernamen hat der Philologe Hans Krahe in den sechziger Jahren des 20. Jahrhunderts entdeckt; sie wird seither «Alteuropäische Hydronymie» genannt. Als Beispiel möchte ich hier die indogermanische Wurzel **sal(a)* anführen, die in altpreussisch *salus*, 'Regenbach', mittelirisch *sal*, 'Meer', und lateinisch *salum*, 'Meer, Strömung eines Flusses', in den Appellativen seinen Niederschlag fand. Im europäischen Namengut finden wir die Wurzel im Flussnamen *Saale* (D), **Salia* (GB), *Seille* (F), *Sella* (E) und in der dalmatischen *Salon* (CRO). Ein weiteres Beispiel für die alteuropäische Hydronymie und damit die Theorie einer gemeinsamen Ursprache Europas sind die Flussnamen *Isar* (D), *Iser* (CZ, *Jizera*) und *Isère* (F). Gewässernamen und insbesondere Flussnamen sind somit die ältesten heute noch verbliebenen Namen aus einer Zeit um ca. 2000 v. Chr.

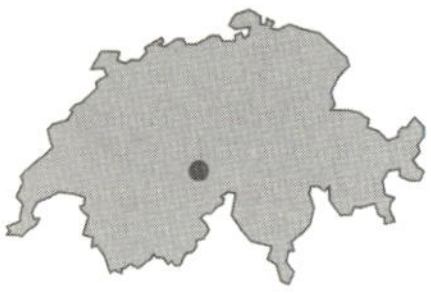

5000

3953 m ü.M.

0

Agassizhorn Bern

Das hübsche kleine Horn ist unauffällig in die Finsteraarhornkette eingereiht. Doch die ruhige Lage kontrastiert mit der Heftigkeit der Debatte, die der Mann, nach dem der Gipfel benannt ist, weltweit ausgelöst hat. Benannt ist das Horn nach dem welschen Naturwissenschaftler Louis Agassiz (1807–1873), der mit seinen Forschungsarbeiten der Eiszeittheorie zum Durchbruch verholfen hat. Agassiz forschte zu einer Zeit, da man sich noch in den verschiedensten Disziplinen gleichzeitig wissenschaftlich betätigen konnte. So war er Zoologe, Paläontologe, Glaziologe und Geologe mit einem besonderen Interesse für Ichthyologie (Fischkunde).

Agassiz trieben Probleme um, die sich allen Naturwissenschaftlern des angebrochenen 19. Jahrhunderts stellten: Grosse Steinbrocken im Mittelland, die von anderer Art sind als das umliegende Gestein und welche Findlinge genannt wurden, ungewöhnliche Flussläufe wie jener der Sihl, stromlinienförmige Hügel, die an keltische Gräber erinnern, aber keine sind. Einer, der dafür eine Erklärung hatte, war der Oberwalliser Gelehrte Ignaz Venetz – zusammen mit Jean de Charpentier aus Bex (VD) entwickelte er die Eiszeittheorie, nach der in vormenschlichen Zeiten ganz Europa von mächtigen Gletschern bedeckt gewesen sein soll. Für die meisten Gelehrten jener Zeit war das eine abstruse, gar irre Idee. Laut Eiszeittheorie transportierten die Gletscher Steinbrocken von den Alpen ins Mittelland, die bei der Gletscherschmelze liegen blieben. Wegen dieser Gletscher konnte sich das Flüsschen Sihl in Schindellegi nicht in den Zürichsee hinunterschlängeln und wich stattdessen gegen Osten hin aus, wo es seinen Lauf nehmen konnte und das heutige Sihltal schuf. Und die symmetrischen Hügelformen entstanden durch die Fliesskraft dieser mächtigen Eismassen, die auf ihrer Unterseite mitgeführtes Material durch Druck zu sogenannten Drumlins formten. Selbst grosse Wissenschaftler wie Alexander von Humboldt misstrauten dieser Theorie, doch Louis Agassiz glaubte nicht nur daran, er suchte auch weitere Beweise dafür.

Agassizhorn: 1. Berg links

Mit seinen Untersuchungen verhalf Louis Agassiz dieser genialen Theorie schliesslich zur Anerkennung, wenn es auch mehrerer Jahrzehnte bedurfte. Heute ist sie unbestritten.

Irgendwann aber hatte Louis Agassiz, der gottesfürchtige Sohn eines protestantischen Pfarrers aus Môtier im Kanton Freiburg, genug von Gletschern und Fischen. Es zog ihn in die durch die Sklavereifrage zerstrittenen USA, wo er 1846 zum ersten Mal Schwarzen begegnete. Diese Begegnungen beschäftigten ihn derart, dass Agassiz mit derselben Akribie an einer eigenen Rassentheorie zu arbeiten begann, mit der er sich zuvor der Ichthyologie oder der Gletscherkunde gewidmet hatte. Er vermass und fotografierte Sklaven, wie es zu jener Zeit in den Forscherkreisen Mode war, und hielt seine Untersuchungen fest. Dabei schrieb er unter anderem: «Der unbezwingbare, mutige, stolze Indianer – in welch anderem Licht steht er neben dem unterwürfigen, kriecherischen, nachahmerischen Neger, oder neben dem listigen, verschlagenen und feigen Mongolen! Verweisen diese Tatsachen nicht darauf, dass die verschiedenen Rassen von Natur aus nicht auf demselben Niveau stehen?»

Die Rassentheorie von Louis Agassiz erhitzt weltweit die Gemüter, weshalb eine Gruppe hartnäckig daran arbeitet, das *Agassizhorn* in *Rentyhorn* umzutaufen. *Renty* ist der Name eines kongolesischen Sklaven, der im Auftrag von Agassiz unvorteilhaft fotografiert wurde, um so die Unterlegenheit der Schwarzen zu belegen.

In der Schweiz wird viel Wert darauf gelegt, keinen Personenkult zu betreiben. Das ist der Grund dafür, dass nur wenige Gipfel den Namen einer Person tragen. So erstaunt es nicht, dass der umtriebige Agassiz gleich selber dafür gesorgt hat, dass ein Berg nach ihm benannt wurde. Und das ging so: Während einer Forschungstour auf dem Unteraargletscher angelangt, wo Agassiz mit seinem Freund und Geologen Pierre Jean Edouard Desor Gletscheruntersuchungen durchführte, wussten die einheimischen Bergführer für eine Reihe von Gipfeln rundherum keine Namen. Kurzerhand taufte Agassiz die Namenlosen nach bekannten Schweizern. An diesem Tag und ohne weitere Begründung bekamen das *Scheuchzerhorn*, das *Escherhorn*, das *Hugihorn* und ein paar weitere ihre Namen. Da war es nur folgerichtig, dass Desor auch Agassiz' Namen ins Spiel brachte und ihm ein Horn zuwies. Agassiz musste darauf natürlich seinen braven Schüler belohnen, weshalb der benachbarte Gipfel heute *Desorstock* heisst.

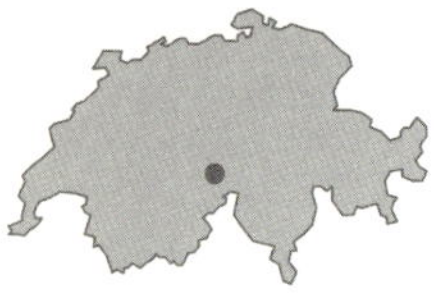

5000

3462 m ü.M.

0

Scheuchzerhorn Bern

Die Banalität der Namengebung des *Scheuchzerhorns* zeugt von einem gewissen Umgang mit Berggipfeln, der Mitte des 19. Jahrhunderts zum Glück nur für kurze Zeit in Mode war: Wussten die Bergführer keine Namen für die umliegenden Gipfel einer Bergtour, wurden bei Forschungs- und Erstbesteigungsfahrten locker ein paar Namen vergeben. Einmal in einem Tagebuch oder einer Karte eingetragen, konnten sich die alten Namen der Einheimischen, sofern sie überhaupt einmal ans Licht kamen, kaum mehr durchsetzen. Dieses Vorgehen ist deshalb kritisch zu betrachten, weil dadurch wichtiges Namengut in der ohnehin schon lückenhaft dokumentierten Bergnamenwelt verloren gegangen ist. Gleichzeitig muss man aber auch feststellen, dass sich auf diese Art vergebene Namen ziemlich schnell etablierten.

Einer, der verdienten Schweizern besonders gerne einen Gipfel widmete, war *Louis Agassiz*. Er war es auch, der, wie erwähnt, dem *Scheuchzerhorn* diesen Namen gab. Für dieses Horn inmitten der Berner Hochgebirgswelt ist bisher kein alter Name bekannt. Da sich das *Scheuchzerhorn* weitab von bewirtschafteten Alpen befindet, ist es auch möglich, dass es gar keinen Namen hatte. Vielleicht. Wer aber war Herr Scheuchzer, dass er einen solchen Gipfel verdient hat?

Wer sich mit alten Kartenwerken auseinandersetzt, stösst schnell auf den Namen *Johann Jakob Scheuchzer* (1672–1733). Aufgewachsen in Zürich, sollte er in die medizinischen Fussstapfen seines Vaters treten. Doch der junge Johann Jakob interessierte sich eher für die subversiven Ideen des Aufklärers René Descartes. Das passte dem gutbürgerlichen Hause Scheuchzer natürlich gar nicht. Man machte sich Sorgen. Beeinflusst von den Naturphilosophen seiner Zeit, studierte der Sohn schliesslich zur Zufriedenheit der Familie in Altdorf bei Nürnberg Medizin, so wie es für ihn vorgesehen war. Nach dem Doktorat an der Universität Utrecht in Holland kehrte er nach Zürich zurück. Scheuchzer hatte eine Idee: Er wollte eine vollständige und nationale Naturgeschichte der Schweiz herausgeben. Dieses Vorhaben wollte er «beyhülf Gelehrter, curioser und erfahrener Männer des ganzen Schweitzerlands... auch gemeinste

Leuth, so mit der Natur viel umgehen, und durch sie ihre Nahrung suchen, als da sind Fischer, Hirten, Sennen, Einwohner der Alpen, Bauersleuth, Kräuter- und Wurtzengraberen» durchführen. Der Erfolg seines Aufrufs war allerdings bescheiden: Er wollte von den angeschriebenen Personen mit den über 200 Fragen zu viel aus zu unterschiedlichen Themenbereichen wissen. Doch er war Feuer und Flamme für seinen Plan, die Schweiz auf ihre unterschiedlichsten naturwissenschaftlichen Phänomene zu untersuchen und seine Erkenntnisse niederzuschreiben.

1709 verfasste Scheuchzer eine Schrift mit dem Titel «Herbar der Sündflut». Was nach aphrodisierenden Algenrezepten tönt, war in Wirklichkeit die erste wissenschaftliche Auseinandersetzung mit Versteinerungen. Damit begründete er – ohne es zu wissen – den wichtigsten Zweig der Paläontologie, die Petrefaktenkunde, also die Lehre von den Versteinerungen. Doch damit nicht genug. Er begründete auch die physische Geografie des Hochgebirges, in der das Hochgebirge als System von Atmosphäre, Hydrosphäre (Gewässer), Pedosphäre (Bodenkunde), Lithosphäre (Gesteinskunde) und Biosphäre (Lebensraum von Pflanzen und Tieren) betrachtet wird. In diesem Rahmen war er auch der erste, der sich der Gletscherforschung und der Lawinenforschung widmete. Zwischendurch vergaloppierte er sich in abstrusen Thesen. So behauptete er einmal, das berühmte schweizerische Heimweh, das unter anderem die eidgenössischen Söldner immer wieder heimsuchte, sei als Folge «des sich ständig ändernden Barometerstandes», also durch die in der Schweiz dauernd ändernden Luftdruckverhältnisse zu erklären.

Für uns Namenforschende ist seine Scheuchzerkarte (Nova Helvetiae tabula geographica) ein Juwel, das auf vier Blättern die Schweiz abbildet und eine wertvolle Ergänzung für die urkundliche Belegsuche darstellt. Es ist also ein verdienter Schweizer, der auf seinem Gipfel seit 150 Jahren verewigt ist. Johann Jakob Scheuchzer ging als letzter Universalgelehrter im klassisch mittelalterlichen Sinn in die Geschichte ein und hinterlässt einen grossen Schatz an gebündeltem historischem und naturwissenschaftlichem Wissen.

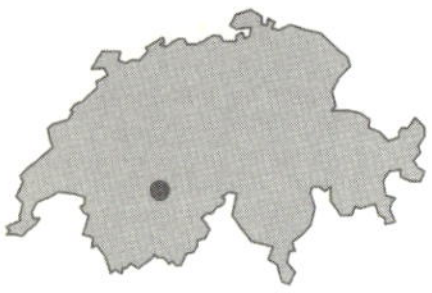

5000

3629 m ü.M.

0

Altels Bern/Wallis

Der Zürcher Böögg, der jeden Frühling als leibhaftiger Winter auf dem Scheiterhaufen verbrannt wird, hat eine Frau, die *Els*. Sie ist riesisch und verkörpert das winterliche, mit ewigem Schnee bedeckte Gebirge. Diese sagenhafte Gestalt an der Seite des Zürcher Bööggs könnte vielleicht aus der hohen Alpenwelt des Berner Oberlandes her stammen. *Der* oder *die Altels*, das ist hier die Frage. Laut dem Berner Namenbuch war der Name dieser mächtigen Pyramide mit ihren glatten Flanken in der Nähe der Gemmi ursprünglich männlich und wird heute grösstenteils auch in der männlichen Form verwendet. Doch im 19. Jahrhundert kam eine Feminisierung des Namens auf, wie wir in Gottlieb Studers Panorama von Bern nachlesen können: *die weithin leuchtende Altels*. Im Kandertal wird der Berg teilweise noch heute mit femininem Genus bezeichnet.

Es gibt nur wenige schriftliche Belege für *Altels*, und sie gehen nicht weit zurück, was die Deutung sehr schwierig macht. Der älteste Beleg stammt aus dem Jahr 1705, von Samuel Bodmer, der damals die Grenzregion um die Gemmi kartiert hat: *(und den) Alten Els*. 100 Jahre später finden wir in Johann Rudolf Wyss' Aufzeichnungen von 1816 über das Berner Oberland bereits die feminine *Altels*.

Das Berner Namenbuch verweist auf eine mögliche Namendeutung mit Ursprung im benachbarten Lötschental: Die Alp *Wildelsigen* am Lötschenpass hiess romanisch offenbar **(ad) Alt-alisos*, '(bei) den hochgelegenen Erlen', woraus im Deutschen *Altels* geworden wäre. Zugrunde liegt ein indogermanisches **alis*, germanisch **alison*, das 'Erle' bedeutet und mundartlich auch *drosle*, *druosle* heissen kann. *Elsigen* wäre somit die 'Elsenalp', 'Erlenalp'. Der Alpname könnte sehr einfach auf den darüber liegenden Gipfel übertragen worden sein. Die Alp *Wildelsigen* liegt aber zu weit vom *Altels* entfernt, als dass sie ihm den Namen hätte geben können.

Eine andere Deutungsmöglichkeit findet sich im Frauennamen *Elisabeth*, der unter anderem auch mit *Else*, *Els* abgekürzt wird. Die *Els*, laut Schweizerdeutschem Wörterbuch und Volksüberlieferungen aus der Schweiz auch *Alt-Els*, existiert in der alpinen Sagenliteratur als Berggeist in Frauengestalt. Sie ist mit

im Vordergrund: Balmhorn | rechte Bildhälfte: Altels

dem Strohmann verheiratet, der eben beispielsweise in Zürich als Böögg am Sechseläuten verbrannt wird. In einer deutschen Sagenversion verwandelt sich die raue *Els*, wie sie auch genannt wird, durch ein Bad im Jungbrunnen von der riesischen Verkörperung des winterlichen Gebirges in eine schöne Gestalt.

Auch wenn sagenhafte Motive in der Bergnamengebung selten vorkommen, hier könnte dies der Fall sein. Der nach dem Handwörterbuch des Deutschen Aberglaubens weibliche Berggeist *Els*, der jeden Frühling von Neuem – zusammen mit dem Gatten – von den Menschen vertrieben wird, könnte die Namengeberin sein. Vielleicht mag sie die Vertreiberei nicht mehr und zeigt dem Menschen hin und wieder ihren Zorn darüber? Denn der *Altels* hat schon Grausiges getan. Am 18. August 1782 lösten sich vom Gletscher der glatten Felswand riesige Eismassen, die auf die Alp Spittelmatte stürzten. Unter dieser Eislawine starben 4 Menschen, 62 Kühe und 20 Schafe und Geissen; die Alp wurde komplett zerstört. Ein einschneidendes Erlebnis für die Menschen dieser Zeit, die von der Alpwirtschaft lebten. Doch die Katastrophe sollte sich binnen 100 Jahren in noch schlimmerem Ausmass wiederholen: Am 11. September 1895 riss der Gletscher auf einer Höhe von rund 3200 Metern quer über die ganze Flanke durch, und viereinhalb Millionen Kubikmeter Eis donnerten an derselben Stelle zu Tal wie bei der ersten Katastrophe. Es war zwei Tage vor dem Alpabzug. Die Alp war abgeweidet, die Zäune eingeräumt, Vieh und Mensch bereiteten sich auf den Alpabzug vor. Die Alp Spittelmatte auf Berner Boden wird von der Walliser Seite her bestossen. Die Sente muss also über den Gemmipass nach Leuk getrieben werden. Die Alpbewohner wurden um fünf Uhr früh beim Ankleiden von der tödlichen Eislawine überrascht: 6 Menschen, 158 Rinder, 9 Schweine, 1 Maultier und 1 Hund kamen ums Leben. Unter den Toten war auch der damalige Vizepräsident der Gemeinde Leukerbad, Joseph Roten.

Vielleicht fand es die *Else* einfach nicht richtig, dass die Walliser ennet der Wasserscheide auf Berner Boden wirtschafteten? Das Motiv der Grenzstreitigkeit findet man in den Alpensagen sehr häufig. Dass genau hier dieses Motiv in einen Bergnamen überging, ist gut vorstellbar. Denn die Grenzstreitigkeiten rund um die Gemmi und die Spittelmatte dauerten während Jahrhunderten an.

Tour d'Aï Waadt

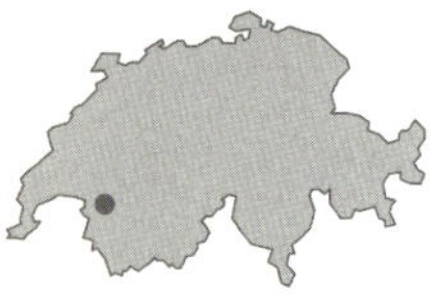

5000

2331 m ü.M.

0

Oberhalb von Leysin steht die *Tour d'Aï* als markanter Berggipfel am unteren Ende des Rhonetals – auch sie tatsächlich eine echte Keltin.

Wir treffen bei diesem Gipfelnamen ein bei den Bergnamen weit verbreitetes Motiv an, das sowohl im deutschsprachigen Raum als auch in der Romania anzutreffen ist: den Ahorn. Die ältesten Belege, die im Glossaire des Patois de la Suisse aufgelistet sind, haben folgende Nennungen: *Alpis del Ayer* (1274), *Alpis de Ayes, de Aiis* (1302), *la montagne d'Ahyé à présent dict d'Ahy* (1661). Es handelt sich um einen schon früh und reich belegten Alpennamen, der schliesslich auf den Gipfel gewandert ist.

Es ist die keltische Form für *Ahorn*, die den Grundstein für den Namen gelegt hat, ein rekonstruiertes **akaros* oder eine Variante **akarno-* entsprechend dem lateinischen *acernus*. Nach dem Rätischen Namenbuch scheint die Grundform *acaru*, 'spitzig', vorzuliegen. Von **akaros* abgeleitete Flurnamen sind im Welschland, grossen Teilen Frankreichs, im Tessin und in Oberitalien weit verbreitet.

In Mitteleuropa ist der Bergahorn die häufigste Ahornart. Die Bäume können bis zu 30 Meter hoch und 500 Jahre alt werden. Der Bergahorn liebt das kühl-feuchte Klima in den mittleren und

höheren Lagen im süd- und mitteleuropäischen Gebirge. In den Zentralalpen findet sich der Bergahorn auf Höhen bis zu 2000 Meter über Meer. Er ist auch Pionierbaumart, das heisst, dass er auch in mageren Böden schnell gedeiht und so beispielsweise auf nach Erdrutschen zerstörten Gebieten schon bald anzutreffen ist. Nebst dem Baum treffen wir also auch auf alpinen Höhen Flurnamen mit enthaltenem *Ahorn* an. So zum Beispiel die Alp *Ahöreli* im Muotatal (SZ, 1503 m ü. M.) oder *Arni* mit dem bekannten *Arnisee* (UR, Bergstation der Seilbahn auf 1368 m ü. M.). Eine der möglichen Bergnamendeutungen für den *Eiger* stützt sich ebenfalls auf einen Alpnamen mit dem galloromanischen Bestandteil.

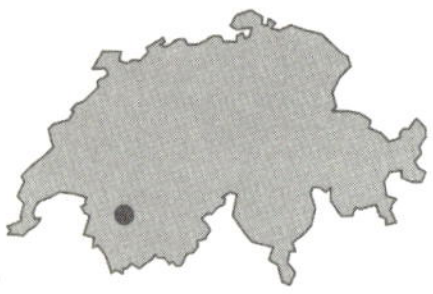

5000

3210 m ü.M.

0

Les Diablerets

Waadt

«Im Jahr 1714 hörte man auf der Wallisischen Alp Cheville am Fuss der Diablerets ein dumptes Getöse, welches in der folgenden Nacht heftiger wurde, und den ganzen 24. September anhielt, worauf am 25. einige Hörner der Diablerets zu brechen anfiengen. Das Stürzen dauerte einige Tage; die Felsstücke flogen 2 Stunden, und der Staub 6 Stunden weit. Eine ganze Quadratstunde Bergtriften wurden von den Trümmern überdeckt, und unter denselben 15 Menschen und 100 Stück Vieh begraben.» So beschreibt Johann Gottfried Ebel in seinem Buch «Über den Bau der Erde in dem Alpen-Gebirge» aus dem Jahr 1808 einen der Bergstürze an den *Diablerets*. Nur knapp 30 Jahre später spielte sich Ähnliches ab. Ein weiterer Bergsturz, dem zwei Berner zum Opfer fielen, verschüttete im Jahr 1749 den Lauf der *Lizerne* und bildete den *Lac de Derborence*. Die drei verbleibenden Hörner der *Diablerets* würden auch noch einstürzen, prophezeiten damals die Geologen.

Diese wiederkehrenden Felsstürze sollen den *Diablerets*, übersetzt 'Teufelshörner', den Namen gegeben haben. Daraus entstand die Sage, dass das Bergmassiv der Wohnsitz von Teufeln sei, die hin und wieder mit den Felsbrocken kegelten – und dabei diese Bergstürze auslösten.

Die ältesten Belege im Glossaire des Patois de la Suisse Romande lauten *lou dyablèrè, lou dyablyéré, u dyabvèrè, il y a une montagne entre Vallay et Berne nommée le Sex Diableret* (1887). Erklärt wird der Name als Ableitung einer Wortzusammensetzung aus dem Bestimmungswort *diable*, 'Teufel', und der Endung *-ariciu*. In der Wikipedia wird noch erwähnt, dass die *Diablerets* einen älteren Namen haben: *Rochers* oder *Scex de Champ*. Im «Glossaire» finden sich keine Hinweise darauf, und in den Belegen ist ebenfalls kein Indiz für einen Namenwechsel zu sehen – was einen Zweitnamen aber nicht ausschliesst.

Mit ihrem schauerlichen Namen schafften es die *Diablerets* auch in die «Allgemeine Encyclopaedie der Wissenschaften und Künste» aus dem Jahr 1833, herausgegeben von Brockhaus in Leipzig. In seinem Artikel erwähnt Autor Graf Henckel von Donnersmark, dass «die zum Aberglauben geneigten Walliser… durch einen Priester die Berggeister beschwören», sobald wieder gehäuft Felsbrocken hinunterstürzten. Auch der bedeutendste Schweizer der französischen Literatur, Charles Ferdinand Ramuz (1878–1947), liess sich von den Bergstürzen inspirieren und schrieb den Roman «Derborence». Der Roman handelt von Thérèse, die durch ihre Liebe den traumatisierten Antoine, der den Bergsturz an den *Diablerets* überlebt hat, wieder zu den Lebendigen führt.

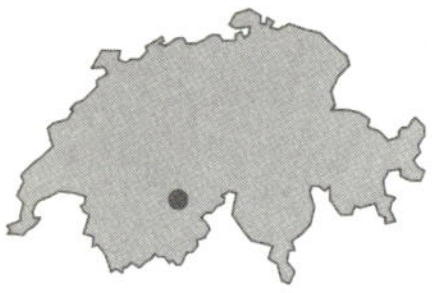

5000

3934 m ü.M.

0

Bietschorn Wallis

Das Nest. Der Walliser Landschreiber Antoni Lambien zeichnete 1682 eine Karte des Kantons Wallis, die sich von den vorangegangenen erheblich abhob: Endlich waren die Täler anständig und in der Ausrichtung überraschend korrekt eingezeichnet, so dass man darin den Umriss des Kantons auf Anhieb erkennt. Vor allem aber und für uns besonders wertvoll sind die zahlreichen Berggipfel, die er darauf zeichnet und benennt, auch wenn sie fast alle wie gleichgrosse Maulwurfshügel aussehen. Wie es sich für einen braven Bürger dieser Zeit gehörte, widmete Lambien seine aufwändige Arbeit dem Bischof, dem Landeshauptmann und den Sprechern der sieben Zehnten der Republik Wallis.

Auf seiner Karte fällt ein besonderes Detail zwischen Raron und dem Lötschental auf, die Bezeichnung eines Bergs: *Nest*. Einfach nur *Nest*. Ohne bestimmten Artikel, ohne Zusatz oder Grundwort. Aber die Form versuchte er möglichst genau wiederzugeben. Sie hebt sich von den anderen Maulwurfhügeln ab und deutet auf einen besonders herausragenden Berg hin. Man nennt ihn heute *Bietschhorn*.

Das *Bietschhorn* ist so etwas wie der heimliche Star in der Bergsteigergilde. Die alpine Literatur übertrifft sich mit Lobeshymnen auf das schöne und mächtige Nest, das schon manche Berühmtheit auf seine Schultern liess. Erstbesteiger war am 13. August 1859 der legendäre englische Historiker und Vater der Schriftstellerin Virginia Woolf, Leslie Stephen, zusammen mit seinen Führern Joseph Siegen, Johann Siegen und Joseph Ebener. Später zog Alfred Tissières seine Spur in den Schnee des *Bietschhorns*. Der Genfer Biochemiker war einer der Entdecker der Doppelhelix-Struktur des menschlichen Erbgutes. Mit seinen britischen Freunden, die ihm britischen Humor attestierten, bereiste er als Mitglied einer Expedition 1954 den Karakorum in Zentralasien, der mit dem K2 den zweithöchsten Berg der Erde beherbergt. Jahrzehnte zuvor bestieg der Princeton-Professor für algebraische Topologie, James Waddell Alexander, das *Bietschhorn*. Zu erklären, worum es bei algebraischer Topologie geht, gleicht dem Versuch, Pudding an die Wand zu nageln. Erwähnen wir deshalb lieber noch den Berner Ingenieur, Geologen, Archäologen und Mitbegründer des Schweizerischen Alpenclubs, Edmund von Fellenberg. Auf einer seiner unzähligen Forschungstouren bestieg er auch das *Bietschhorn* und veröffentlichte seinen Tourenbericht 1869 im SAC-Jahrbuch. In dieser Zeit arbeitete er während vier Jahren an Ausgrabungen neolithischer und bronzezeitlicher Funde am Bielersee.

In der Nähe des *Bietschhorns* findet sich heute das *Grosse Nesthorn*, dessen nachbarschaftliche Existenz auf einen Verschreiber Lambiens auf seiner Karte deuten könnte. Die Meinungen gehen auseinander, ob es sich beim *Grossen Nesthorn* um das besagte *Nest* handelt. Die exakte Position auf Lambiens

Karte aber und die in verschiedenen Texten immer wieder vorkommende Zweinamigkeit stützen diese These nicht. Wir können davon ausgehen, dass das markante *Bietschhorn* von zwei Seiten her benannt wurde: Die Lötschentaler nannten es Nest und die Leute aus Baltschieder *Bietschhorn*. Der nördliche Vorberg des *Bietschhorns* heisst noch heute *Klein-Nesthorn* und ist etwas weiter vom *Grossen Nesthorn* entfernt. Ebenso der Nestgletscher, der an der Flanke des *Bietschhorns* und damit weit weg vom heutigen *Nesthorn* liegt. In Ried im Lötschental gibt es das «Hotel Nest- und Bietschhorn», das dieser Zweinamigkeit offenbar Rechnung trägt.

Laut den Unterlagen des Walliser Namenbuchs ist das Bestimmungswort zum ersten Mal in einem Vertrag aus Niedergesteln schriftlich erwähnt, der auf das Jahr 1301 datiert wird: *a superiori via superius pertinebat in biehcs*, 'oberhalb des oberen Weges liegt *biehcs* [Bietsch]. Die zweitälteste Urkunde (1351–1365) benennt das Flüsschen im *Bietschtal*, den heutigen *Bietschbach*: *aquam dictam byecha*, 'den *byecha* genannten Fluss'. Die älteste Nennung für das *Bietschhorn* finden wir allerdings erst 1548 in der Chronik von Johannes Stumpf. Wie so oft, taucht der Bergname auch hier zuletzt auf, denn die ältesten Namen stecken in den Gewässern, vor allem in den Flüssen. Danach folgen die Flurnamen, und erst zuletzt bekamen die Berge ihre Namen. Durch die dichte Belegreihe kann am Beispiel des *Bietschhorns* diese Entwicklung gut verfolgt werden. In einer Ausserberger Urkunde aus dem Jahr 1411 heisst es: *in dicta valle et alpe de bÿech*, 'in besagtem Tal und der Alp *bÿech*'. Dieser Beleg zeigt, dass das heute *Bietschbach* genannte Flüsschen dem Tal und der darüberliegenden Alp den Namen gegeben hat. Von der Alp aus «wanderte» der Name schliesslich auf den Gipfel.

Nach Iwar Werlen vom Walliser Namenbuch könnte das Flüsschen *Bietscha* von einem romanischen Ausdruck für 'Bach' oder 'Wasserleite' seinen Namen haben, der im Walliser Patois zu *Bisse* wurde. Herangezogen werden kann eine altfranzösische Form **biez* (vermutlich Pluralform), die auch ungefähr den ältesten uns vorliegenden Belegen entspricht. *Bietsch* wäre dann die romanische Bezeichnung für 'Bäche' gewesen, die von den späteren alemannischen Siedlern nicht mehr verstanden worden ist. Auf Lambiens Karte von 1682 finden wir das Flüsschen wieder als *Bietsha f.* Das *f.* steht für 'Fluss' bzw. für seine lateinische Entsprechung 'flumen', je nachdem, welche Sprache bei der Kartierung benutzt wurde. Der Flussname steckt aber bereits in *Bietsha* drin: Die Endung *-a* ist das vordeutsche Appellativ für Fliessgewässer; man vergleiche beispielsweise die Flussnamen *Lonza* oder *Saltina* (beide VS). Die Bedeutung dieses Grundwortes wurde im Laufe der Zeit vergessen.

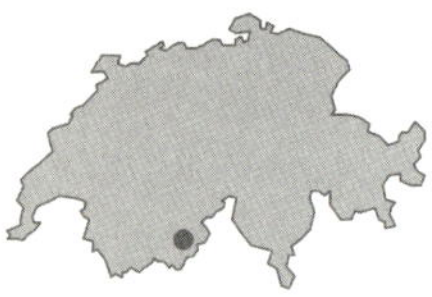

5000

4545 m ü.M.

0

Mischabel

Wallis, Gipfelgruppe, höchste Erhebung ist der Dom

Mischabel bezeichnet die Gipfelgruppe oberhalb von Saas Fee, zu der *Dom, Täschhorn* und *Lenzspitze, Nadelhorn, Stecknadelhorn* und *Hohberg* zählen. Woher das Massiv seinen Namen hat, ist sehr umstritten. Nicht zuletzt deshalb, weil auch die Namen der umliegenden Berge *Balfrin, Almagell* und *Allalin* bis jetzt nicht zufriedenstellend erklärt werden konnten.

Die bereits früh empfundene Erklärungsnot wirkte sich offenbar stark auf die Phantasie der Forscher aus, anders kann ich mir die sogenannte Sarazenenhypothese nicht erklären, die vom Strassburger Polizeichef Christian Moritz Engelhardt Mitte des 19. Jahrhunderts aufgestellt wurde. Und die geht so: Am südlichsten Ende der Französischen Alpen, südlich der knallroten Felsen des wildromantischen Esterel-Gebirges, das steil aus dem Meer ragt, liegt die französische Hafenstadt Fréjus. Dort ganz in der Nähe befand sich im 10. Jahrhundert das sarazenische Räubernest *Frarinetum* quasi als Aussenposten der von den Maghrebinern okkupierten iberischen Halbinsel. Nun sollen versprengte Reste sarazenischer Horden auf ihren Plünderungszügen auch die Alpen erreicht und sich insbesondere im Saastal niedergelassen haben. Zurückgeblieben wäre von der Besiedlung durch die Sarazenen also nichts als Namensgut – kein Werkzeug, keine Häuserverzierung, keine Gebetsstätte, nichts. Nur Namen. Dieser Faktenmangel bestärkte die Kritiker dieser These in ihrer Haltung. Zwar sind tatsächlich sarazenische Räu-

berhorden im 9. und 10. Jahrhundert besonders auf der Route über den Grossen St. Bernhard nachgewiesen; sie hatten es speziell auf Pilger und Handelsreisende abgesehen. Niedergelassen haben sie sich aber auch dort nicht.

Vor dem Hintergrund seiner Sarazenenthese sucht Engelhardt den Ursprung für *Mischabel* im arabischen *Muschbil*, das etwas wie «Löwin mit Jungen» bedeutet. Engelhardt identifizierte das *Grabenhorn* (den heutigen *Dom*) als das eigentliche *Mischabel*. Das Aufbäumende der Löwin mit ihren Jungen soll sich im aufragenden Berg widerspiegeln. Auch wenn die Sarazenenthese nicht unbestritten blieb, unter den Orientalisten und weiteren Wissenschaftlern an verschiedenen Universitäten in Strassburg, Zürich und Bern fand sie doch einige Anhänger.

Ein grosser Kritiker der Sarazenenthese aus jener Zeit war Pfarrer Ludwig Emil Iselin, der unter anderem 1909 einen Text über orientalische Elemente der Gralssage veröffentlicht hat. Er versuchte den Ursprung des Namens aus der Nähe zu erklären, musste aber trotzdem die Wasserscheide überqueren, um fündig zu werden. Denn bis heute hat man keinen älteren schriftlichen Beleg für *Mischabel* gefunden als den Namen *Mischabel-Hörner* auf dem Blatt «Biella» von Joseph Edmund Wörls Schweizer Karte aus dem Jahr 1835. Iselin fand in Giovanni Giordanis Wörterbuch zur Sprache des italienischen Walserdorfes Alagna die Eintragung *missobla* und *mist gobla*, was im Walserdialekt 'Mistgabel' bedeutet. Alagna liegt südlich des Monte Rosa im *Valsesia*. Dort existiert das Wort *Mischobla* für die dreizinkige Gabel, den Dreizack. Für die Namenforschung erscheint diese Erklärung plausibel. Einen Schönheitsfehler hat sie trotzdem: Das Walserwort *missobla* oder *mist gobla* konnte bisher weder im Saasertal noch im übrigen näheren Wallis nachgewiesen werden.

Dom Wallis

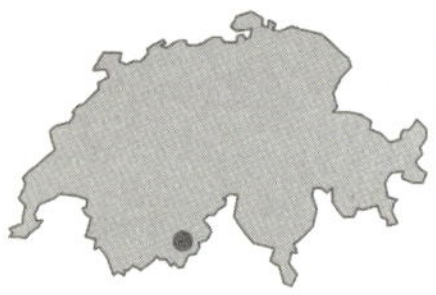

5000

4545 m ü.M.

0

Der *Dom* ist der mittlere Gipfel der Mischabel-Gruppe oberhalb von Saas Fee; er ist der höchste Berg, der in seinem gesamten Ausmass innerhalb der Schweiz liegt. Er wurde am 11. September 1858, also mitten in der Boomzeit des Alpinismus, vom Engländer J. Llewellyn Davies zusammen mit Johann Zumtaugwald, Johann Kronig und Hieronymus Brantschen zum ersten Mal bestiegen.

Der heutige Name *Dom* ist ein neuer Name, den ihm Josef Anton Berchtold, Domherr zu Sitten, 1833 verliehen hat. Nach einem Bericht des Zermatters Albert Julen hat Berchtold von Leukerbad aus den Berg nicht wiedererkannt und ihm den Namen *Dom* gegeben. Er begründete seine Namengebung damit, dass ihm der Gipfel majestätisch wie ein Dom erschien. Nun gut, seine Verdienste überwiegen das durch die klerikale Brille entstandene Versehen. Doch bis zu dem Tag, als Josef Anton Berchtold seinen Bleistift spitzte, seine eigene Namengebung auf den Kartenentwurf schrieb und damit für die Nachwelt den einheimischen Namen für immer aus dem kartografischen Gedächtnis löschte, hatte der *Dom* zwei andere Namen: *Grabenhorn* und *Festihorn*. Der *Festigletscher*, das *Festijoch* und der *Festigrat* sind verbliebene Zeugen des einen alten Namens, der sich natürlich nicht mehr durchsetzen konnte, nachdem der *Dom* Eingang in die Dufourkarte gefunden hatte. Immerhin nahm Berchtold nicht nur eigene Bergnamengebungen vor; dank ihm fanden auch viele einheimische Namen Aufnahme ins Kartenwerk.

Josef Anton Berchtold hat sich zeit seines Lebens für das Oberwallis eingesetzt und wurde dadurch zu einem verdienten Bürger. Im Jahr 1780 war er als Bauernsohn im kleinen Nest *Greich* bei der Riederalp geboren worden, wo heute noch 18 Personen leben. Berchtold machte eine klerikale Karriere, die ihm

auch selbständige Studien insbesondere der Kartografie ermöglichte – Studien, die nicht zuletzt der Schweizer Kartografie zu ihrem unbestrittenen Weltruf verhalfen. 1829 begann er privat mit der Triangulation des Kantons Wallis. Triangulation ist die Vermessungstechnik, die vor dem Satelliten-Zeitalter den exakten Kartenwerken zugrunde lag. Mittels Triangulation wird eine Fläche in Dreiecke aufgeteilt. Die aneinandergereihten Dreiecke haben ihre Eckpunkte an Vermessungspunkten, die auf der Fläche regelmässig verteilt sind und ein trigonometrisches Vermessungsnetz ergeben. Dieses Grundprinzip der Vermessung geht auf den Griechen Ptolemäus zurück. Immer wieder versuchten sich Kartografen an dieser Vermessungstechnik; der Durchbruch des Systems gelang aber erst Ende des 17. Jahrhunderts. Und zwar in der Ebene, genauer gesagt in Deutschland. Das grosse Problem für die europäischen Vermesser damals blieben weiterhin die Alpen. Dieses Problems nahm sich nicht nur der Vater der Dufourkarte, General Guillaume-Henri Dufour, an, sondern auch der Walliser Titulardomherr Josef Anton Berchtold. Er wählte ausgesuchte Berggipfel als Triangulationspunkte für sein Walliser Vermessungsnetz. Im Unterschied zur Vermessung in der Fläche musste in den Alpen dreidimensional vorgegangen werden; die Gipfelhöhe musste mithilfe des Winkels vom Messpunkt zum Gipfelpunkt ermittelt werden. Und dafür brauchte man einen Punkt, dessen genaue Meereshöhe bekannt sein musste, den sogenannten Höhenhorizont. Da die Schweiz bekanntlich nicht ans Meer grenzt, entschied sich Dufour 1820 für einen grossen Findling im Genfer Hafenbecken als Höhenhorizont: die *Pierre du Niton*. Deren Höhe wurde durch Anschlussmessungen an französische Referenzpunkte bestimmt. Und hier treffen sich die Arbeiten von Dufour und Berchtold: Ab 1834 vermass Berchtold das Wallis im Auftrag der Eidgenossenschaft. Sein privat gestartetes Projekt wurde zum Bundesauftrag. Und so lieferte das von Josef Anton Berchtold gewählte trigonometrische Netz für das Gebiet des Wallis die Grundlage der Dufourkarte, die als das Mass aller Dinge in Sachen Kartografiekunst ihrer Zeit galt.

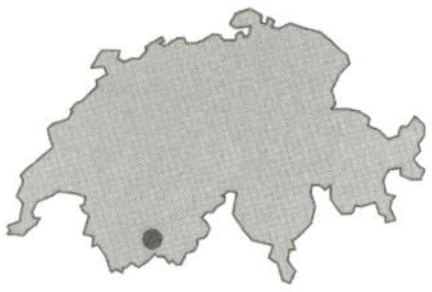

5000

4357 m ü.M.

0

Dent Blanche Wallis

Die Geschichte des Bergnamens beginnt mit der Karte des Oberwallisers Antoni Lambien. Auf dieser Karte des Kantons Wallis aus dem Jahr 1682 ist der Gipfel als *Wysszehn* eingetragen – ein Gipfel in Form eines Eckzahnes, der bis heute viele Namen trug. Die Zermatter hatten für die *Dent Blanche* einen deutschen Namen, der so viel wie *Weisszahn* bedeutet und der Übersetzung des heutigen französischen Namens entspricht. Doch begegnen uns beim Durchforsten von Reiseberichten und Forschungsnotizen noch etliche andere Namen. So findet man auch die Namen *Ebihorn, Steinbockhorn* und *Hohwanghorn* für die *Dent Blanche*. Auch die französische Variante hat einen mundartlichen Vorläufer, wie aus den Aufzeichnungen von Julius Fröbel aus dem Jahr 1840 hervorgeht. Er schreibt, dass der Berg in der Mundart der Evolénards, also von der französischen Talseite aus, *Deng blangzi* laute. Man hört es schon beim Lesen: Die Bedeutung war damals dieselbe wie heute.

Der älteste Beleg für den französischen Namen *Dent Blanche* ist in einer Zeitung abgedruckt, dem «Journal de Lausanne» in der Ausgabe vom 19. Februar 1791: «...la *Dent Blanche*, qui s'élève en pyramide triangulaire». Seit 1820 setzt sich diese französische Schreibweise durch, dabei wird manchmal auf einen deutschen Zweitnamen verwiesen. So zum Beispiel in einem Aufsatz von Melchior Ulrich, der 1848 in einem Aufsatz für die Mitteilungen der Naturforschenden Gesellschaft in Zürich schrieb: «Gegen Westen erhebt sich die prachtvolle Pyramide des *Steinbockhorns*, hier *Dent Blanche* genannt.»

Zu den anderen deutschen Namenvarianten lässt sich sagen, dass zumindest alle drei das Grundwort *-horn* besitzen, was der Form nach naheliegend ist. *Ebihorn* könnte von einer Alpweide in der Nähe mit dem Namen *Ebi* abgeleitet sein. Bei *Steinbockhorn* liegt die Vermutung nahe, dass der Name aus der Jägersprache entstanden ist, weil im Gebiet der *Dent Blanche* wohl immer wieder viele Steinböcke gesichtet wurden – ein Motiv, das in der ganzen Schweiz bei Bergnamengebungen sehr häufig zur Anwendung kommt. Bei der Bezeichnung *Hohwanghorn* wird die Präzision der Älplersprache deutlich. Laut Bergnamenforscher Paul Zinsli bezeichnen die Walliser mit *Wang* zwei Dinge: Einerseits eine 'ansteigende Weide', was für die *Dent Blanche* bedeuten könnte, dass ihre Felswände hoch über die höchsten und steilsten Grasweiden ragen. Oder, und hier wird's noch präziser und wahrscheinlicher, es ist 'der steile Rain eines schluchtartigen Bergeinschnittes' gemeint, den die Walliser, und laut Zinsli nur die Walliser, ebenfalls mit *Wang* bezeichnen. Danach wäre das *Hohwanghorn* nach einem hohen schluchtartigen Bergeinschnitt benannt.

Alle Namenvarianten stammen laut Aufzeichnungen von einheimischen Gewährspersonen und sind somit keine Kunstnamen. Dass sich schliesslich die französische Version *Dent Blanche* durchsetzt, verwundert aber keineswegs. Es ist ein schöner Name für einen ausserordentlich schönen Gipfel, der wahrscheinlich schon vor Jahrhunderten durch seine Auffälligkeit und Form diesen Namen erhielt. Die Realprobe bestätigt jedenfalls, was man sich unter einem 'Weissen Zahn', genauer gesagt unter einem Eckzahn, vorstellt .

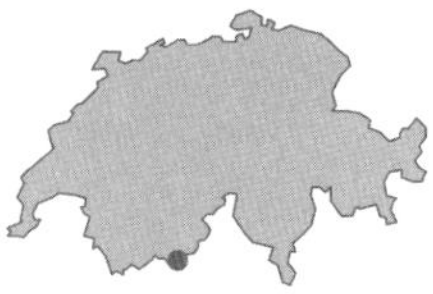

5000

4527 m ü.M.

0

Lyskamm Wallis/Italien

Der Blick vom *Gornergrat* in Richtung italienische Grenze ist atemberaubend: Wie auf eine andere Welt bietet sich der Ausblick auf ein mächtiges Gletscherplateau, aus dem die Gipfel wie Inseln am Horizont erscheinen. Es ist eines dieser Panoramen, wo Kenner gerne mit ihrem angelernten Wissen in die Stille des Geniessens hineinplatzen: *Nordend, Dufourspitze, Monte Rosa, Lyskamm, Castor, Pollux, Breithorn* et cetera. Die Namen der meisten dieser Gipfel stammen von Forschern, die sich Mitte des 19. Jahrhunderts gerne in der Zermatter Bergwelt aufhielten. Denn die Einheimischen fassten besonders das Gebiet um den *Monte Rosa* in einem Namen zusammen: *Grosser Gletscher*. Unter Forschern und Einheimischen herrschte deshalb betreffend Namengebung um den *Monte Rosa* während Jahrzehnten ein ziemliches Durcheinander – das um 1900 weitgehend entwirrt wurde, wie unter dem Abschnitt *Monte Rosa* in diesem Buch nachzulesen ist.

Laut dem Zermatter Albert Julen hat der *Lyskamm* seinen Namen vom österreichischen Feldzugmeister und Alpenliebhaber Ludwig Freiherr von Welden erhalten, der sich Anfang des 19. Jahrhunderts häufig in der Umgebung von Zermatt aufhielt. Als zweite Bezeichnung soll der *Lyskamm* in den 1830er Jahren den malerischen Namen *Silberbast* erhalten haben. Geber dieses Namens war kein Geringerer als Domherr Josef Anton Berchtold, der während seiner Arbeit als Vermesser für die Dufourkarte manchem Walliser Gipfel zu einem bleibenden Namen verhalf. Als *Bast* wird der hölzerne Rückenschutz des Maultiers beim Säumen von Waren bezeichnet, von der Form her einem Sattel ähnlich. Berchtold sah in der gebogenen Gipfelform wohl eine Ähnlichkeit mit einem solchen Bast, und die Farbe des im Sonnenlicht glänzenden Eises mag ihn zum Bestimmungswort *Silber* bewogen haben. *Silberbast* nennt man allerdings auch die Birkenrinde. Diese Birke ist ein im Wallis verbreiteter Baum – auch dieses Motiv ist von Farbe und Struktur her denkbar.

Interessant ist aber, dass der Name *Lyskamm* seinen Ursprung auf der italienischen Seite hat, genauer gesagt vom Fluss *Lys* (it. *Liso*) stammt. Der *Lys* entspringt auf der anderen Seite des *Lyskamms* aus dem Gletscher und fliesst durch das *Lystal*, das *Valle del Lys*. Gut möglich also, dass es sich hier nicht etwa um die Namenerfindung des Österreichers von Welden handelt, sondern um die italienische Bezeichnung des Gipfels. Unklar dünkt mich auch, ob *Silberbast* tatsächlich ein zweiter Name für den Gipfel ist. Der Strassburger Polizeichef und Alpengänger Christian Moritz Engelhardt bezeichnet in seinen Naturschilderungen aus dem Jahr 1840 den *Silberbast* als eigenständigen Gipfel neben dem *Lyskamm*. Es könnte sich hier also um zwei verschiedene Gipfel handeln. Angesichts des Durcheinanders bei der Namengebung rund um den *Monte Rosa* würde mich das nicht erstaunen.

Erstaunlich ist aber die Geschichte der Einwohner des *Lystales*, das auch *Valle di Gressoney*, *Walleschu* (auf Walserdeutsch) oder *Krämertal* genannt wird. Das *Lystal* wurde im frühen Mittelalter von den Walsern besiedelt, die unter anderem vom Oberwallis aus über die damals eisfreien Pässe auch nach Italien gelangten. Noch heute spricht ungefähr ein Drittel der Einheimischen im Valle di Gressoney Walserdeutsch, die Tendenz ist aber sinkend. Den Übernamen Krämertal hat das Gressoney-Tal wegen seiner fleissigen Bewohner erhalten. Im Winter gingen die vor allem auf Tuchhandel spezialisierten Krämer auf die Märkte im Norden. Sie reisten bis nach Deutschland, um ihre Waren zu verkaufen. Gegen den Frühling hin kamen sie dann wieder nach Hause. Nicht überall waren sie beliebt, wie historische Dokumente zeigen. Im 16. Jahrhundert waren von Bern bis Brandenburg heftige Klagen über den Handel der Krämertaler zu vernehmen. Zum Beispiel beschwerte sich das Berner Landvolk 1531 über die Grischeneyer. Daraufhin wurde diesen 1548 vom Rat in Bern das Aufschlagen von Krambuden untersagt. Die einheimischen Marktfahrer fühlten sich wohl durch deren gute Geschäfte um die ihrigen geprellt (was vielleicht vor allem für die erfolgreichen Handelsfähigkeiten der Walser Krämer spricht). Andererseits liessen sich auch Krämertaler fernab ihrer Heimat nieder, wie das Beispiel von Jakob Castell zeigt. Jakob Castell aus Gressoney war einer der Gründer der Schwyzer Weinhandlung Schuler, die es heute noch gibt. Castell kam als wandernder Kaufmann und Tuchhändler von Gressoney nach Schwyz, wo sich seine Familie niederliess und das Landrecht erwarb.

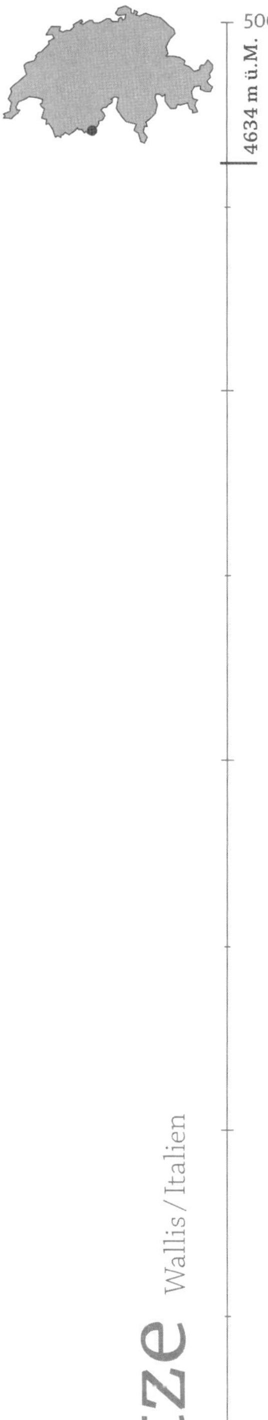

Dufourspitze Wallis / Italien

Die *Dufourspitze* hat ihren Namen per Bundesratsbeschluss erhalten – eine einmalige Sache. Auch wenn Personenkult nie eine besondere Schweizer Eigenart war: Im von Nationalstolz geprägten 19. Jahrhundert war das anders. Dort drückte der Wunsch durch, die verdienstvollen Leistungen von Schweizern – die Benennung nach einer Schweizerin ist nicht bekannt – in Bergnamen zu verewigen. Mit Erfolg. Denn einige Persönlichkeiten sind gerade deshalb heute noch aktiv in unserem Gedächtnis.

Bevor aber die ***Dufourspitze*** ihren definitiven Namen von einer Schweizer Seilschaft erhielt, hiess sie bis in die vierziger Jahre des 19. Jahrhunderts ***Gornerhorn***. Das war zwar ihr ursprünglicher Name, doch nicht ihr einziger. Einer der akribischsten Erforscher der Alpen rund um Zermatt, der österreichische Freiherr Ludwig von Welden, machte sich als Erster an die Umbenennung des ***Gornerhorns***. Ihm verdanken wir viele Beobachtungen und Beschreibungen des Zeitgeschehens und der touristischen Eroberung unserer Alpen. Wie die Einheimischen ihre Berge nannten, schien ihn jedoch weniger zu interessieren. So benannte er 1824 in einer seiner Schriften das ***Gornerhorn*** einfach neu: ***Die höchste Spitze***. Natürlich war sie das, die höchste Spitze weit umher, das hat er richtig festgestellt. Sie steht lediglich nicht in ihrer ganzen Grösse auf Schweizer Territorium. Diese Ehre wird dem ***Dom*** zuteil, der sich sozusagen in der Nachbarschaft befindet.

Im August 1855 erstiegen der St. Galler Alpinist Johann Jakob Weilenmann und Fürsprech Bucher von Regensberg die

Höchste Spitze. Weilenmann, der als Erstbesteiger des *Piz Buin* noch Schlagzeilen machen würde, und Bucher waren ob der Besteigung so beeindruckt, dass sie ihre Ehrfurcht vor der Alpenwelt mit einer besonderen Hinterlassenschaft ausdrücken wollten: Mit einem neuen Bergnamen. Ein ganz Grosser seiner Zeit sollte der Namengeber sein, einer, der die Schweiz besonders voranbrachte: *Guillaume-Henri Dufour.* Vor unserem geistigen Auge steigt das Bild des vornehmen Reiters in tadelloser Uniform auf, der sein aufbäumendes Pferd mit einer Hand an den Zügeln im Griff hält und mit der andern das Schweizer Volk grüsst. In dieser Pose wurde *Henri Dufour* in Bronze gegossen und in Genf auf der Place Neuve auf einen Sockel gestellt.

Damit die wohlausgesuchte Namengebung nicht noch einmal von einer dahergelaufenen ausländischen Seilschaft abgeändert werden konnte, erklärten Weilenmann und Bucher das Vorhaben zur Chefsache: Sie stellten beim Bundesrat den Antrag auf Namenänderung. Diesem Ersuchen wurde am 23. Januar 1863 stattgegeben.

Henri Dufour (1787–1875) war wohl die populärste Persönlichkeit, welche die Schweiz im 19. Jahrhundert hervorgebracht hat. Der Genfer General war vielseitig, intellektuell, Bonapartist, Kartograf, Ingenieur und Politiker. Er kämpfte in Korfu für Napoleon gegen die Engländer und in Lyon gegen die heranziehenden Österreicher. Nach dem Sturz des französischen Empire 1817 entschied sich Dufour, nach Genf zurückzukehren, und baute dort als Kantonsingenieur die Quaianlagen. Kleinliche föderalistische Auseinandersetzungen aus Missgunst waren nicht seine Sache, weshalb sich der Staatsmann als gemässigter Konservativer für mehrheitsfähige Lösungen einsetzte und so nicht zuletzt die bis heute oft beschworene schweizerische Konsenspolitik prägte. Sein Weg zum eidgenössischen Konsens führte aber zunächst am Sonderbundskrieg vorbei. Den durch seine militärischen Verdienste bekannten Mann – er baute die Militärschule in Thun auf und schrieb unter anderem Fachliteratur über Kriegstaktiken – setzte die eidgenössische Tagsatzung 1847 als Anführer der eidgenössischen Truppen gegen die katholischen

Sonderbündler ein. Der damals Sechzigjährige zögerte zuerst, nahm die Aufgabe aber schliesslich an mit dem Ziel, «das gespaltene Vaterland in einem raschen Feldzug ohne grosses Blutvergiessen wieder zu einigen und die hadernden Parteien zu versöhnen», wie er zitiert wird. Der Krieg begann am 4. November 1847, nach 25 Tagen kapitulierte als letzter Kanton auch das katholische Wallis – der Kanton, der jetzt einen Berg mit seinem Namen hat. Insgesamt forderte der Krieg nicht mehr als um die 100 Menschenleben – die Mehrheit davon auf der Seite der Sieger.

Wie ein roter Faden zieht sich das Militärische durch Dufours Hinterlassenschaften. Gegen massiven Widerstand startete er 1832 die erste systematische kartografische Vermessung der Schweiz und brachte sie 30 Jahre später zum Abschluss. Die Dufourkarte, auch im Ausland mit verschiedenen Preisen ausgezeichnet, war das beste Kartenwerk, das zu jener Zeit auf der Welt zu finden war. Auslöser dieser kartografischen Arbeit war Dufours Überzeugung, dass für Truppenbewegungen im Gelände zuverlässige Karten unentbehrlich seien. So errichtete er 1837 in Carouge bei Genf das erste Topografische Bureau der Eidgenossenschaft und gründete damit den Vorläufer von swisstopo, dem Bundesamt für Landestopografie.

Durch den Bericht des Genfer Handelsreisenden Henri Dunant wurde Dufour auf das Abschlachten von 40 000 Soldaten an einem einzigen Tag, dem 24. Juni 1859, im italienischen Solferino aufmerksam. In Solferino kämpften die Österreicher gegen die Sardinier um umstrittenes Land, das heute in Italien liegt. Das Schlachten entsprach nicht der Auffassung Dufours von Kriegsführung, dessen Strategie es war, durch geschickte Feldzüge das Blutvergiessen zu minimieren. Von Dunants Idee überzeugt, war er 1863 gemeinsam mit diesem ein Mitbegründer des Roten Kreuzes und sein erster Präsident.

Obwohl *Guillaume-Henri Dufour* nach eigenen Angaben keine zwei Sätze Deutsch sprach, gilt er als Vermittler zwischen Deutsch- und Welschschweiz, was nicht zuletzt im gesamtschweizerischen Kartenwerk seinen Ausdruck fand. Dufour starb am 14. Juni 1875 und hinterliess drei Töchter. An seiner Beerdigung auf dem Cimetière des Rois in Genf sollen 60 000 Menschen teilgenommen haben.

Monte Rosa

Wallis / Italien, Gebirgskette mit Dufourspitze als höchstem Gipfel

5000

4634 m ü.M.

0

Drei Jahre hintereinander, von 1594 bis 1596, wurde das kleine italienische Val di Rutor an der Südseite des *Monte-Rosa-Massivs* jeweils im Spätsommer von einem Naturereignis heimgesucht, vor dem die frommen Bewohner des Dörfchens auch durch Gottesanrufung nicht beschützt werden konnten. Dann nämlich, wenn der vom Gletscher gestaute Rutorsee hoch oben dem Druck nicht mehr standhielt und sich in einem Mal durch die enge Schlucht ins Tal entleerte. Die Wucht der Flutwelle zerstörte alles, riss Vieh, Häuser und Ernte mit und hinterliess eine Schlammwüste. Die kleine italienische Talschaft, die zu dieser Zeit zum heute französischen Savoyen gehörte, rief die Obrigkeit um Hilfe an. 1595 schrieb der Rat der Abgeordneten des Aostatals eine Bittschrift an den Herzog Karl Emanuel von Savoyen, er solle doch dem Lago di Rutor einen künstlichen Ablauf verschaffen. Um sicherzugehen, dass Herzog Karl Emanuel auch genau wisse, wo sich der Problemherd befinde, beschreiben die Valdostaner in ihrem Brief die genaue geografische Lage und nennen dabei den stauenden Gletscher in ihrer Sprache *La Rose*. Begleitet wird das Schreiben von einem Gutachten des italienischen Ingenieurs Jacomo Soldati, der das Projekt beurteilt. Dabei benennt er den Gletscher auf Italienisch *Rosa*.

Diese Quellenbelege zeigen, dass der Rutorgletscher im 16. Jahrhundert schlicht *rosa* genannt wird. Er war wohl Namengeber für die ganze Bergkette, die heute als *Monte-Rosa-Massiv* bezeichnet wird. Doch was genau soll denn *rosarot* sein in dieser unwirtlichen Gegend? Ganz einfach: Nichts! Seit Anfang des 19. Jahrhunderts war das Gebiet um das Matterhorn, von Chamonix über Breuil-Cervinia bis Zermatt, grossräumig und regelrecht von Bergsteigern belagert, die ihren eigenen Umgang mit den einheimischen Namen der umliegenden Berge hatten. An Schlechtwettertagen sinnierten sie wohl gerne über Theorien zur Herkunft der Gipfelnamen nach. Und reimten dabei allerlei Unsinn zusammen – so auch für den *Monte Rosa*. So glaubte der Wegbereiter des Alpinismus und Begründer der Geologie, Horace-Bénédict de Saussure, eine rosenartige Form des Berges festgestellt zu haben, die dem Massiv als Namengeberin zugrunde liege. Der österreichische Alpenforscher Ludwig Freiherr von Welden orakelte am rosigen Schein herum, den die aufgehende Sonne am Massiv aufleuchten lasse. Der Deutsche Albert Schott suchte zunächst nach der roten Farbe im Gestein und dachte an eine Namensgrundlage *Montagna rossa*, war dann aber offenbar auch nicht mehr so ganz davon überzeugt und griff zwei Jahre später zum volksetymologischen Zweihänder: dem Keltischen. Er setzte keltisch *ros-*, '*Spitze*', an. Das musste seiner Meinung nach für eine Deutung reichen.

Nach Jahrzehnten der Interpretationen schuf Adolf Wäber 1905 im SAC-Jahrbuch Klarheit: *Monte Rosa* heisst ganz einfach 'Gletscherberg'. Im Dialekt der Valdostaner hiess *rosa* ursprünglich ganz allgemein 'Gletscher'; insbesondere ist damit aber das 'Gletscherplateau' gemeint. Je nach lokaler Aussprache wird das Wort als *roesa*, *roise* oder *ruiza* ausgesprochen. Und die Realprobe zeigt: Der *Monte-Rosa-Gletscher* ist ein riesiges Gletscherplateau. Der Gletscher, *rosa*, hat dem Bergmassiv also den Namen gegeben und ist als *Monte Rosa* wieder auf den Gletscher hinuntergewandert. 1660 ist der *Monte Rosa* auf Nicolao Visschers Karte von Savoyen zum ersten Mal unzweifelhaft als Berg auf einer Karte eingezeichnet. Der Standort des bereits 1620 auf Giovanni Antonio Maginis Karte «Piemonte et Monferrato» eingetragene *M. Rosio* ist zu ungenau eingezeichnet, weshalb er nicht als Beleg dienen kann.

Ein interessantes Detail liefert die Namengebung auf der Nordseite. Der alte Zermatter Name des *Monte-Rosa-Gletschers* lautete schlicht *der Gletscher*. Die Zermatter hatten also denselben Namen für das Eisplateau wie die Valdostaner, die mit *rosa* nicht einen bestimmten Gletscher, sondern schlichtweg alle Gletscher benannten.

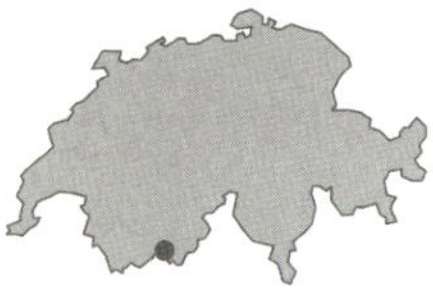

Matterhorn

Wallis / Italien

5000

4478 m ü.M.

0

Das Monument. Das Horn ist nach dem darunterliegenden Dorf und dem Tal benannt, das es majestätisch abschliesst. Das klingt vielleicht etwas einfach, trifft aber zu. Doch die *Matte* ist für die Bewohner des mittelalterlichen *Pratobornum*, wie Zermatt früher hiess, nicht einfach ein Stück Blumenwiese. Sie ist existenziell – und hat darum eine besondere Wertschätzung verdient. So wie das *Matterhorn*.

Die Älplersprache ist so exakt, dass sie für alle topografischen Details eine spezielle Bezeichnung hat, so auch für die *Matte*. Die *Matte* ist eine ebene Grasfläche, die das Heu für den Winter liefert und daher für den Viehtrieb nicht geöffnet wird; diesem stehen die weniger wertvollen Alpwiesen zur Verfügung. Auf einer Höhe von über 1000 Meter über Meer ist eine solche Grasfläche ein Juwel. Sie ist weniger mühsam zu bewirtschaften als das Land in Hanggebieten und erleichtert damit den harten Bergbauernalltag. Denn die Beschaffung von hochwertigem Heu für das Vieh war zu vorindustrieller Zeit in einem so abgelegenen Tal wie dem Mattertal nahezu eine Unmöglichkeit. Doch die eigene Produktion dank dieser wunderbaren *Matte* steigerte die Qualität der Viehhaltung. Und das Vieh konnte für gutes Geld bis nach Italien verkauft werden und stellte damit einen grossen Teil der Existenzgrundlage dar. So liegt das Dorf *Zermatt* also unmittelbar bei dieser wertvollen *Matte*. Diese *Matte* war für die Bewohnerinnen und Bewohner so besonders und wichtig, dass sie nicht nur dem Dorf, sondern dem ganzen Tal und dem

schönsten Berg der Erde seinen Namen verlieh. Aber erst spät. Denn Zermatt heisst bis weit in die Neuzeit *Pratobornum*, 'von Quellen umgebene Matte'. Laut den Materialien des Walliser Namenbuchs wird *Pratobornum* im Jahr 1291 zum ersten Mal urkundlich erwähnt: *et de zauxon et de prato borno*. Diese Namengebung ist bis ins Jahr 1698 zu finden: *viri Joannis Blatter de pra bornio*. Zermatt ist laut Namenforscher Iwar Werlen eine späte Form, die wohl im Jahr 1435 zum ersten Mal als *ze made* erwähnt wird. Der Beleg aus dem Jahr 1539 lautet *zer mat*. Dass sich *Pratobornum* als Ortsname für *Zermatt* so lange halten konnte, ist dadurch erklärbar, dass im Oberwallis verhältnismässig lange Latein als Amtssprache benutzt wurde. Während in anderen Gebieten der Schweiz bereits schon länger auf Deutsch beurkundet wurde, blieben die Oberwalliser beim Lateinischen.

Über allfällige ältere Formen des Bergnamens *Matterhorn* herrscht noch immer Unklarheit. Auf der Walliskarte in Johannes Stumpfs Chronik aus dem Jahr 1548 finden wir im Gebiet Zermatt zum ersten Mal den Eintrag *Mons Sylvius*. Es ist nicht klar, was genau damit gemeint ist. In der *Cosmographia universalis* von Sebastian Münster aus dem Jahr 1552 findet sich eine Karte des Wallis in zwei Blättern. Adolf Wäber schreibt dazu: «Der Augstalerberg oder Mons Silvius ist ausnehmend kühn und scharfkantig gezeichnet, sodass man versucht sein könnte, ihn für das Matterhorn statt für das Matterjoch zu halten, wenn nicht andere Pässe durch ebenso kühne Hörner repräsentiert würden.» Zum einen ist festzuhalten, dass bis weit ins 18. Jahrhundert mit *Mons* mehrheitlich Pässe benannt wurden. Zum anderen stellt man fest, dass in weiteren untersuchten Karten der *Mons Silvius* immer wieder andernorts eingezeichnet ist und dass es unklar ist, ob es sich bei ihm um den Theodulpass, das Matterhorn oder das Gletschergebiet um den Monte Rosa handelt. Man kann also wohl nicht sagen, *Mons Silvius* sei ein alter Name für das *Matterhorn*. Laut Iwar Werlen bleibt zudem die Frage offen, ob dieser Name im französischen *Mont Cervin* und italienischen *Monte Cervinio* für unseren Berg drin steckt.

Die kühnen Gründerjahre gingen besonders an Zermatt nicht spurlos vorbei. Doch nicht alle Träume konnten in die Tat umgesetzt werden, wie Xaver Imfeld (1853–1909), der begnadete Meister der Alpentopografie, feststellen musste. Imfeld malte, formte und zeichnete Panoramen und Reliefs von allen möglichen Gipfeln der ganzen Schweiz. Auch vom *Matterhorn* machte er ein Relief, das als «das schönste Modell des schönsten Berges der Welt» betitelt wurde und mit dem er an der Landesausstellung von 1896 in Genf den «Grand Prix» erhielt. Imfeld war auch Ingenieur, der die kühnsten Bergbahnen plante und baute. Am 22. August 1890 reichte er zusammen mit dem Bieler Leo Heer bei der Eidgenossenschaft das Konzessionsgesuch für ein Zermatter Hochgebirgsbahnprojekt ein, das je eine Bahn auf Gornergrat und Matterhorn vorsah. Für die Linienführung des Projekts Matterhorn war eine erste Etappe bis zum Schwarzsee geplant. Vom Schwarzsee zur Station «Whymperhütte» am Fuss der eigentlichen Matterhornpyramide war eine zweite Sektion mit elektrischer Zahnradbahn vorgesehen. Die dritte Sektion war die gewagteste: Eine elektrische Drahtseilbahn hätte die Gäste durch einen schräg-vertikalen Tunnel bis zum Firstkamm auf 4478 m ü. M. hinaufgebracht. Doch das Projekt scheiterte. Zu gross war der Widerstand unter Bergführern, schweizerisch-englischen Alpinisten und Zermattern. 68 000 Unterschriften sammelte der Heimatschutz und wandte sich an den Bundesrat mit einer Petition folgenden Inhalts: «Die Gipfel unserer Hochalpen sind das ideale Eigentum des ganzen Schweizervolkes und somit unverkäuflich.»

Das Scheitern des Matterhorn-Projekts betrübte Imfeld. Ganz Ingenieur, sah er nur die Vorteile dieses Projekts. So schrieb er an seinen Freund Albert Heim: «Ist es nicht Egoismus, den Tausenden, die sonst nie auf einen ähnlichen Gipfel gelangen könnten, den unermesslichen edlen Genuss von einer Stunde auf solcher Aussichtswarte oben verwehren zu wollen? Sollten nicht vielmehr gerade wir, die wir Berge lieben und ihre Pracht kennen, den andern zu ihrem Genuss und ihrer Verehrung helfen?» Zu seinem Trost wurde immerhin die Gornergratbahn nach seinen Plänen gebaut. Und die grosse Herausforderung sollte ihm noch bevorstehen: der Bau der Jungfraubahn.

Glossar

Alemannen Die Alemannen (auch: Alamannen) waren eine vor- und frühmittelalterliche Bevölkerungsgruppe, die dem westgermanischen Kulturkreis zugeordnet wird.

Appellativ In der Namenforschung wird damit ein Begriff bezeichnet, der als Bezeichnung für eine ganze Gruppe, Gattung oder Anzahl Dinge dient.

Ellipse Verkürzung, Abkürzung eines Worts oder eines Satzes.

Etymologie Wissenschaftszweig der historischen Linguistik, die sich mit der Herkunft und Geschichte der Wörter beschäftigt.

Frankoprovenzalisch F. ist eine romanische Sprache, die im östlichen Frankreich (mittleres Rhonetal und Savoyen), im grössten Teil der französischsprachigen Schweiz (Romandie) und im Nordwesten Italiens (vor allem im Aostatal) in verschiedenen Dialekten gesprochen wurde und vereinzelt noch wird.

Galloromanisch Zu den galloromanischen Sprachen, einer Untergruppe der romanischen Sprachen, gehören Französisch, Okzitanisch, Frankoprovenzalisch, Piemontesisch und im weiteren Sinne auch Katalanisch und bestimmte Sprachen Oberitaliens (zum Beispiel Lombardisch).

Geomorphologie Die Geomorphologie untersucht die Formen und formbildenden Prozesse der Oberfläche der Erde.

Glossaire des patois de la Suisse romande Wörterbuch der welschen Mundarten.

Idiotikon Wörterbuch der Schweizerdeutschen Sprache.

Indogermanisch Rekonstruierte Ursprache aus der Zeit um 3000 v. Chr., die den europäischen Sprachen zugrunde liegt. Aufgrund des gemeinsamen Vokabulars der Folgesprachen, wozu zum Beispiel das Wort «Rad» gehört, gehen die meisten Forscher von einer Trennung der Sprache nicht vor 3400 v. Chr. aus. In diese Zeit datiert die Archäologie die erste Benutzung von Rädern im Sprachgebiet.

Interferenzzone Überlappungsgebiet zweier Sprachsysteme (z.B. Deutsch – Romanisch in den Kt. Glarus und Schwyz)

Mittelhochdeutsch Mit Mittelhochdeutsch (Mhd.) wird eine ältere Sprachstufe der deutschen Sprache aus dem Hochmittelalter (1050–1350) bezeichnet.

Parochialkirche Die Hauptkirche einer Pfarrgemeinde.

Patois Dialekte der französischen Sprachen.

Phonetik Ziel der Phonetik ist die Erforschung der Möglichkeiten und Grenzen menschlicher Sprachproduktion und -wahrnehmung.

Phonologie Die Phonologie untersucht, welche Laute unter welchen Bedingungen Wörter voneinander unterscheiden (Hose – Pose).

Präfix Vorsilbe

Suffix Nachsilbe

Umlaut /ä/, /ö/, /ü/

Volksetymologie Umbildung eines nicht mehr verstandenen Wortes nach einem lautlich ähnlichen und in der Bedeutung vertrauten Begriff.

Bibliografie

Aeschlimann, Hans: Der Blau Schnee in Vergangenheit und Gegenwart. Aufsatz. Trogen, o. J.

Allgemeine Encyclopädie der Wissenschaften und Künste. Ersch, J.S.; Gruber, J. G. Leipzig, 1818

Anker, Daniel: Piz Bernina. König der Ostalpen. AS Verlag, Zürich, 1999

Anker, Daniel: Piz Palü. Dreiklang in Fels und Eis. AS Verlag, Zürich, 2003

Auf der Maur, Jürg: Von der Tuchhandlung Castell zur Weinhandlung Schuler. Ursprung, Struktur und Bedeutung eines Schwyzer Handelshauses (17.–19. Jahrhundert). Chronos Verlag, Zürich, 2006

Bächtold-Stäubli, Hanns: Handwörterbuch des deutschen Aberglaubens. De Gruyter, Berlin 1986

Berner Namenbuch. Erster Teil: A–F. Herausgegeben von Paul Zinsli. In Zusammenarbeit mit Rudolf Ramseyer und Peter Glatthard. Francke Verlag, Bern, 1976.
Zweiter Teil: G–K/CH. Herausgegeben von Paul Zinsli und Peter Glatthard. In Zusammenarbeit mit Rudolf J. Ramseyer, Niklaus Bigler und Erich Blatter. Francke Verlag, Bern, 1987

Bösch, Bruno: Kleine Schriften zur Namenforschung. Heidelberg, 1981

Brandstetter, Josef Leopold: Beiträge zur schweizerischen Ortsnamenkunde. In: Der Geschichtsfreund. Jg. 44 (1889), S. 215–256 [Teil 3 in Jg. 51, S. 293–303]

Brenna, Giuseppe: Alpi Ticinesi. Vol. 3: Dal Passo del San Gottardo al Pizzo di Claro. Guida edita dal Club Alpino Svizzero. O. J.

Delamarre, Xavier: Dictionnaire de la langue gauloise. Editions errance, 2003

Frehner, Otto: Die schweizerdeutsche Älplersprache: alpwirtschaftliche Terminologie der deutschen Schweiz. Die Molkerei. Huber, Frauenfeld, 1919

Freuler, Kaspar: Glarner Sagen. Glarus, 1953

Führer durch das Speer-, Churfirsten- und Alviergebiet. Hrsg. von der Sektion Uto des Schweizer Alpenclubs. Bern 1983

Gasser, Markus: Die Hohe Winde. Besiedlungsgeschichte des Beinwilertales im solothurnischen Jura aus der Perspektive der Namenlandschaft. Diss. Münchenstein 2002

Geo Pfad. (Broschüre) Hrsg. von der Stadt Baden, 2004

Geschichte der Schweiz und der Schweizer. Helbing & Lichtenhahn, Basel, 1986

Glossaire des patois de la Suisse romande. Neuchâtel, 1899

Grimm, Jacob; Grimm, Wilhelm: Deutsches Wörterbuch. Leipzig, 1854

Hürlimann, Katja; Schuler Anton: Gefahrenbeurteilung in den Alpen zur Zeit von Johann Wilhelm Fortunat Coaz. In: Bündnerwald, Nr. 5, 2000

Jenal, Karl: Die Orts- und Flurnamen der Gemeinde Samnaun. Desertina, Chur, 2002

Julen, Albert: Die Namen von Zermatt und seinen Bergen im Lichte der Geschichte. In: Blätter aus der Walliser Geschichte. Hrsg. vom Geschichtsforschenden Verein Oberwallis. 1951

Henseler, Nathalie: Die Bergnamen der Gemeinde Muotathal. Unveröffentlichte Lizentiatsarbeit, Zürich, 2003

Henseler, Nathalie: Chratzerengrat und Schijen. NZZ am Sonntag, 14. September 2003

IG Xaver Imfeld (Hrsg.): Xaver Imfeld (1853–1909). Meister der Alpentopografie. Von Ah Druck AG, Sarnen, 2006

Inglin, Meinrad: Jugend eines Volkes. Atlantis Verlag AG, Zürich, 1981

Inglin, Meinrad: Werner Amberg. Die Geschichte seiner Jugend. Atlantis Verlag AG, Zürich, 1981

Jaccard, Henri: Essai de toponymie: origine des noms de lieux habités et des lieux dits de la Suisse romande. Lausanne, 1906

Kluge, Friedrich: Etymologisches Wörterbuch der deutschen Sprache. Bearb. von Elmar Seebold. 24. durchgesehene und erweiterte Auflage. De Gruyter, Berlin, 2002

Koß, Gerhard: Namenforschung. Eine Einführung in die Onomastik. Niemeyer, Tübingen, 2002

Kully, Rolf Max: Der Dilitsch. Eine namenkundliche Bergwanderung. In: Beiträge zur Namenforschung NF 29/30 (1994/95), S. 284–305

Laely-Meyer, Hans: Flurnamen der Landschaft Davos. Chur, 1990

Lexer, Matthias: Mittelhochdeutsches Taschenwörterbuch. 38. unveränderte Auflage. S. Hirzel, Stuttgart, 1992

Meyer, Werner et al.: Heidenhüttli. 25 Jahre archäologische Wüstungsforschung im schweizerischen Alpenraum. Schweizerischer Burgenverein, Basel, 1998

Möckli, Urs: Hölloch. Naturwunder im Muotatal. AS Verlag, Zürich, 2000

Müller, Wulf: Un toponyme jurassien de tradition bilingue: Chasseral/Gestler. In: Berichte des XII. Internationalen Kongresses für Namenforschung. Hrsg. von Henri Draye. Leuven, 1975

Müller, Wulf: Le Chasseron. In: Festschrift Kurt Baldinger zum 60. Geburtstag. Tübingen: Niemeyer,1980

Nyffenegger, Eugen; Bandle, Oskar: Die Siedlungsnamen des Kantons Thurgau. Huber, Frauenfeld, 2003

Pierrehumbert, William: Dictionnaire historique du parler neuchâtelois et suisse romand. Neuchâtel 1926

Planta, Robert von; Schorta, Andrea: Rätisches Namenbuch. Francke, Bern, 1986

Ramuz, Charles Ferdinand: Derborence. Limmat Verlag, Zürich, 2003

Rickenbacher, Martin: Vom Wachsen und Schrumpfen der Berge – Die Geschichte der Höhenkote des Mönchs. In: Cartographica Helvetica, Heft 16 (1997), S. 3–12

Riggenbach, Niklaus: Erinnerungen eines alten Mechanikers. Birkenhalde, Winterthur, 2009

Schneider, Thomas Franz: Niese/Niesse. In: Festgrüsse für Peter Glatthard zu seinem 75. Geburtstag. Bern, 2009

Schorta, Andrea: Wie der Berg zu seinem Namen kam. Kleines Rätisches Namenbuch mit zweieinhalbtausend geographischen Namen Graubündens. Terra Grischuna, Chur, 1991

Schweizerisches Idiotikon. Wörterbuch der schweizerdeutschen Sprache. Gesammelt auf Veranstaltung der Antiquarischen Gesellschaft Zürich unter Beihülfe aus allen Kreisen des Schweizervolkes. Erster Band: Frauenfeld, 1881; Abschluss geplant auf das Jahr 2022

Schwyzer Namenbuch. In Bearbeitung

Siegenthaler, Albert; Vögeli, Hermann: Verzeichnis der Schweizer Gipfel über 2000 m. Verlag SAC, 1979

Sonderegger, Stefan: Der Alpstein im Lichte der Bergnamengebung. Verlag Appenzeller Hefte, Herisau 1967. St. Gallen, 1981

Sonderegger, Stefan: Die Orts- und Flurnamen des Landes Appenzell. Frauenfeld, 1958

St. Galler Namenbuch. Romanistische Reihe. Hrsg. von der Arbeitsgemeinschaft für ein St. Galler Namenbuch

Studer, Julius: Schweizer Ortsnamen. Ein historisch etymologischer Versuch. Zürich, 1896

Thommen, Marcelle: Notizen zur Belchen-Forschung – Die Berge und ihr Name. In: Baselbieter Heimatblätter, Nr. 4, Dezember 2001

Waeber, A.: Walliser Berg- und Passnamen vor dem XIX. Jahrhundert. In: Jahrbuch des Schweizer Alpenclub, Nr. 40 (1905), S. 248–286

Walch, Gertrud: Orts- und Flurnamen des Kantons Glarus. Bausteine zu einem Glarner Namenbuch. Schaffhausen, 1996

Walliser Namenbuch. In Bearbeitung

Weibel, Viktor; Hug, Albert: Nidwaldner Orts- und Flurnamen. Historischer Verein Nidwalden, Stans 2003

Weibel, Viktor; Hug, Albert: Urner Namenbuch. Die Orts- und Flurnamen des Kantons Uri. Gamma Druck + Verlag AG, Altdorf, 1989

Werlen, Iwar: Die Grundwörter der Oberwalliser Gipfelnamen. In: Chomolangma, Demawend und Kasbek: Festschrift für Roland Bielmeier zu seinem 65. Geburtstag. Hrsg. von Brigitte Huber [et al.]. Halle (Saale), 2007

Wild, Ueli: Un-Berg oder magischer Kultort? In: Sonntag. Nr. 18, 9. Mai 2010

Zinsli, Paul: Grund und Grat. Die Bergwelt im Spiegel der Schweizerdeutschen Alpenmundarten. Francke, Bern, o. J.

Zinsli, Paul: Walser Volkstum. In der Schweiz, in Vorarlberg, Liechtenstein und Italien. Verlag Bündner Monatsblatt, Chur, 2002

Zopfi, Emil: Churfirsten. Über die sieben Berge. AS Verlag, Zürich, 2006

Zopfi, Fritz: Die Namen der glarnerischen Gemeinden und weitere Beiträge zur Ortsnamenforschung und Siedlungsgeschichte des Glarnerlandes und seiner Nachbargebiete. Glarus, 1984

Karten

Atlante geografico d'Italia. Giovanni Antonio Magini, 1620

Atlas von Johann Rudolf Meyer und Heinrich Weiss. Atlas Suisse, die Schweiz in 16 Blättern. 1792

Gygerplan. Hans Konrad Gyger's Züricher-Cantons-Carte 1667. Hofer & Burger, Zürich, 1891

Lambien, Antoni: Karte des Kantons Wallis. In: Waeber, A.: Walliser Berg- und Passnamen vor dem XIX. Jahrhundert. In: Jahrbuch des Schweizer Alpenclub; Nr. 40 (1905), S. 248–286

Topographischer Atlas der Schweiz, Siegfriedatlas in Einzelblättern sowie Spezialkarte des Basler Jura. 1870–1910

Gedruckte Quellen

Ebel, Johann Gottfried: Anleitung auf die nützlichste und genussvollste Art in der Schweitz zu reisen. Bey Orell, Gessner, Füssli & Compagnie. Zürich, 1793

Ebel, Johann Gottfried: Ueber den Bau der Erde in dem Alpengebirge. Zürich, 1808

Fellenberg, Edmund von: Wetterlücke und Lauterbrunner Breithorn. In: Jahrbuch des Schweizerischen Alpenclubs, Nr. 2, S. 293

Freshfield, Mrs. Henry: A Summer Tour in the Grisons and Italian valleys of The Bernina. Longman, London 1862

Gruner, Gottlieb Sigmund: Die Eisgebirge des Schweizerlandes. Bern, 1760

Hugi, Franz Joseph: Naturhistorische Alpenreise. Solothurn, 1830

Jahn, Albert: Chronik des Kantons Berns alten Theils. Stämpfli, Bern, 1857

Jahrbuch des Schweizer Alpenclubs (Nr. 40). Bern, 1905

Münster, Sebastian: Cosmographia. Beschreibung aller Lender durch Sebastianum Munsterum, in welcher begriffen Aller völcker, Herrschafften, Stetten und namhafftiger flecken, herkommen: Sitten, gebreüch, ordnung, glauben, secten vnd hantierung, durch die gantze welt, vnd fürnemlich Teutscher nation. Was auch besunders in iedem landt gefunden, vnnd darin beschehen sey. Alles mit figuren vnd schönen landt taflen erklert, vnd für augen gestelt. Petri, 1544

Ostervald, Frédéric Samuel: Description des montagnes et des vallées qui font partie de la Principauté Neuchâtel et Valangin. Samuel Fauche, Libraire, 1766

Roth, Abraham: Gletscherfahrten in den Berner Alpen. J. Springer, Berlin, 1861

Scheuchzer, Johann Jacob: Helvetiae Stoicheiographia. Orographia et Oreographia. Oder Beschreibung der Elementen / Grenzen und Bergen des Schweitzerlands. Der Natur-Histori des Schweitzerlandes Erster Theil. In der Bodmerschen Truckerey, Zürich, 1716

Scheuchzer, Johann Jacob: Beschreibung der Natur-Geschichten Des Schweizerlands. Zürich, 1706

Scheuchzer, Johann Jacob: Natur-Geschichte des Schweitzerlandes, Samt seinen Reisen über die Schweizerische Gebürge. David Gessner, Zürich 1746

Studer, Gottlieb: Panorama von Bern. Bern, 1850

Stumpf, Johannes: Gemeiner loblicher Eydgenossenschaft Stetten Landen und Völkeren chronikwirdiger Thaaten beschreibung. Zürich, 1548

Walser, Gabriel: Der Appenzeller-Chronick dritter Theil in welchem alle die vornehmste Begebenheiten so sich von An. 1732 bis An. 1763 sowohl inn- als ausser dem Land Appenzell zugetragen unpartheyisch beschrieben worden von Gabriel Walser, Landmann, dermahlen Pfarrer zu Berneck im Rheintal. Trogen, 1830

Wyss, J. Rudolph: Reise in das Berner Oberland. Bern, 1816

Portrait

Nathalie Henseler ist in Goldau aufgewachsen und hat an der Universität Zürich Germanistik, Geografie und Geschichte studiert. Nach mehrjähriger Tätigkeit als freischaffende Journalistin und Redaktorin beim Blick hat sie sich als Kommunikations- und Politikberaterin selbständig gemacht. Ihre Leidenschaft gilt den Namen: Seit ihrer Kindheit interessiert sie sich dafür, weshalb etwas so heisst wie es heisst. In ihrer Lizentiatsarbeit hat sie die Bergnamen der Gemeinde Muotathal ergründet und erforscht aktuell im Rahmen einer Dissertation die Bedeutung und Herkunft der Landleutegeschlechter im Kanton Schwyz.

Berge von A - Z

CANTON
BASEL
SOLOTHURN
Porentru
Delemont
Rheinfelden
Olten
Zofingen
Wangen
Biel
Nidau
Landeron
Erlach
Burgdorf
BERN
Laupen
Arberg
Cudrefin
Morat
Avanche
NEUCHATEL
Neuenburger See
Bondry
Grandson
Orbe
Payerne
FREYBURG
VAUD
Romont
Moudon
CANT. FREYBURG
Bulle
Thun
Lausanne
Morges
Aubonne
Rolle
Nyon
Cully
Martinach
Sitten
Caro